KB248340

손에 잡히는

내부회계관리제도

손에 잡히는 내부회계관리제도

2025년 8월 14일 초판 인쇄
2025년 8월 22일 초판 발행

지 은 이 ㅣ 롯데지주 컴플라이언스팀
발 행 인 ㅣ 오연관
발 행 처 ㅣ 삼일피더블유씨솔루션
등록번호 ㅣ 1995.6.26. 제3-633호
주   소 ㅣ 서울특별시 용산구 한강대로 273 용산빌딩 4층
전   화 ㅣ 02)3489-3100
팩   스 ㅣ 02)3489-3141
가   격 ㅣ 25,000원

ISBN 979-11-6784-433-0   03320

손에 잡히는
내부회계관리제도

내부회계관리제도 입문

롯데지주 컴플라이언스팀 **지음**

머리말

2020년 12월 주식회사 롯데지주 준법경영실장으로 부임하면서 롯데지주의 내부회계관리자를 겸임하게 되었다. 법무관, 검사, 변호사로서 30년 가깝게 활동해 왔기 때문에 법무 업무에 대해서는 어느 정도 잘할 수 있겠다고 생각했지만 회계에 대한 지식은 부족했기 때문에 내부회계관리자라는 직책은 큰 부담으로 다가 왔다. 사실 내부회계관리제도 자체에 대한 사전 지식이 전무했었다고 해도 과언이 아니다. 사전 지식만 없었던 것이 아니라 직원분들로부터 여러 차례에 걸쳐 보고를 받았음에도 개념도 낯설고 용어도 낯설어서 그런지 도무지 감이 잡히질 않았다. 이래서는 안되겠다는 생각에 관련 서적을 찾아보았다.

관련 서적을 찾는 노력이 부족했는지 모르지만 막상 찾은 서적들을 살펴보니 내부회계관리제도 관련 규정 또는 규범들을 그대로 모아 놓고는 이에 대한 설명은 매우 부족했다든지, 너무 이론적 설명에만 치우치고 실무적 부분을 거의 다루지 않았다든지 아니면 반대로 지나치게 실무지침적이어서 그 분량이 엄청나다든지 하는 것들이었다. 솔직히 몇 번을 읽어 보아도 사용되는 용어의 개념 또는 표현의 의미가 이해되지 않는 경우가 매우 많았다. 이제껏 한번도 접하지 못한 한국말이 대부분을 차지하는 문장도 적지 않았다.

그럼에도 불구하고 위 서적들의 도움 및 실무활동을 통해서 내부회계관리제도의 개념, 작동원리 및 관련 활동에 대해 어느 정도 이해하게 되었다. 그러는 사이 내부회계관리제도의 개념, 작동원리 및 관련 활동을 이론적, 실무적 모두의 관점에서 적절한 분량으로 잘 정리한 책이 있으면 많은 사람에게 도움이 될 수 있겠다는 생각을 하게 되었다. 고맙게도 롯데지주 준법경영실 컴플라이언스팀 내부회계관리 담당 직원들이 이에 공감을 해주어 이들과 6개월 이상 걸친 공동작업 끝에 집필하게 된 것이 본서이다.

집필활동은 롯데지주 준법경영실 컴플라이언스팀 내부회계관리 담당 직원들에게도 여러 가지 의미가 있는 작업이었다. 주된 것은 그간 실무를 하면서 쌓은 지식을 정리하는 것이었지만 오랜 기간 실무를 하면서도 개념정립이 잘 안된 부분들이 발견되는 경우가 종종 있어 관련 자료를 다시 찾아가면서 이를 정립하는 데 많은 시간이 할애되기도 하였다. 실무를 하면서는 당연한 것이라고 생각했던 것들이 막상 이를 남에게 설명하려고 하니 의외로 상당히 어려웠던 경우도 많았다. 그러면서도 책을 집필하는 과정에서 그간의 실무 지식이 정리될 뿐만 아니라 그 이해도 깊어졌다고 느끼며 기뻐하기도 했다.

본서는 내부회계관리제도에 대한 입문서를 상정하고 집필되었다. 내부회계관리제도를 처음 접하는 분들이나 이에 대해 대략 알고는 있었으나 본격적인 지식은 없었던 분들을 위해 쓰여졌다. 너무 이론적이지도 않고 실무지침서와 같이 매우 세부적인 내용까지 담겨 있지도 않다. 집필에 있어 한 가지 원칙이 있었다면 그것은 내부회계관리제도를 처음 접하는 분들이나 본격적인 지식이 없는 분들이 우선적으로 알고 이해해야 할 내용을 가능한 한 쉽게 기술한다는 것이다. 내부회계관리제도의 어떤 내용을 어떻게 다루면 꼭 필요한 내용이 빠지지 않고 쉽게 이해될 수 있을까 항상 치열하게 고민했다. 특히 내용의 이해를 돕기 위해 가능한 한 설명 내용 뒤에는 반드시 예시 또는 적용례 등을 두도록 노력하였다.

본서는 내부회계관리제도의 입문서로서 쓰여졌지만 집필 과정에서 우리의 경험에 비추어 볼 때 이미 내부회계관리제도를 담당하고 있는 분들에게도 자신의 업무를 점검하고, 정리하는 차원에서는 상당히 도움이 되리라 생각한다.

본서의 구성에 대하여 이야기하면 먼저 제1장에서는 향후 논의되는 것들의 기초를 이루는 부분, 즉 내부회계관리제도의 개념 및 내부통제와의 관계, 내부통제의 구성과 작동원리에 대해 설명한다. 제2장부터의 구성에 대해서는 상당히 고민을 많이 하였다. 내부통제의 5가지 구성요소와 여기서 도출되는 17가지 원칙을 차례로 설명해 가는 방법 등 여러 가지 방법을 생각할 수 있었지만 내부회계관리제도 업무 중 실무에서 가장 많은 비중을 차지하는 것이 '평가업무'이기 때문에 실제로 내부통제관리제도에 대한 평가를 한다고 가정하고 평가 단계별로 거기에 필요한 이야기를 하는 것이 이해하기도 쉽고 가장 실무에 도움이 되는 것이라고 판단하였다. 아직 내부통제관리제도를 갖추지 못한 회사의 경우는 어떻게 하느냐는 의문이 들 수도 있지만 아직 내부통제관리제도를 갖추지 못한 회사의 경우에도 일단 있는 그대로의 상태를 평가해 보면 내부통제관리제도가 잘 운영되는 회사와 비교했을 때 어떤 부분이 부족한 지를 잘 알 수 있게 될 것이기 때문에 충분히 도움이 되리라고 생각한다.

이와 같은 점을 반영하여 우선 평가의 준비 단계로서 제2장에서는 내부회계관리제도의 평가 범위의 결정에 대해 설명하고, 제3장에서는 문서화 단계를 다룬다.

제4장은 본격적인 실제 평가의 단계로서 평가의 종류, 평가의 방법, 평가시 유의사항, 평가조서 작성방법 등에 대해 설명한다.

제5장은 미비점의 개선, 재평가 단계로서, 유효하지 않다고 평가된 통제에 관하여 그 이유를 파악하고 어떻게 개선할 것인지, 개선된 통제는 어떻게 재평가할 것인지에 대해 설명한다.

제6장은 IT통제 평가에 관한 내용인데, 사실 IT통제에 대한 평가는 COSO 프레임워크에는 큰 비중을 두고 설명하고 있지 않지만 오늘날 회사업무에 있어 IT가 차지하는 중요성을 고려할 때 IT를 고려하지 않은 리스크 통제 시스템은 사상누각에 불과할 것이다. IT는 통제와 관련하여 IT를 이용한 통제와 IT에 대한 통제라는 두 가지 측면을 가지고 있는데 일반 업무 프로세스상 통제 평가와는 다른 특징들이 있기 때문에 별도의 장에서 설명한다.

제7장은 최종단계로서, 내부회계관리제도에 대한 평가를 어떻게 종합적으로 정리하여 최종 산물인 내부회계관리제도 보고서를 작성하는 지에 대해서 설명한다.

제8장에서는 최근 감독당국에서 중요성을 강조하고 있는 부정위험 관련된 통제활동에 관한 사항을 조금 더 자세히 설명한다.

끝으로 본 집필과 관련하여 감사의 말씀을 전하고 싶다. 우선 그룹의 컴플라이언스 활동에 항상 깊은 관심을 보여주시고 본 서의 발간을 위해서도 물심양면으로 지원해 주신 이동우 부회장님

께 깊이 감사를 드린다. 또한 그간 많은 업무를 소화시켜야 하는 상황에서도 적극적으로 집필에 참여해 준 롯데지주 내부회계관리 담당 직원분들에게도 수고가 참 많았다는 말을 하고 싶다. 보다 책임 있는 집필활동을 위해 각 장마다 책임집필자를 정하였는데 준법경영실장은 제1장, 김영민 수석은 제4, 7, 8장, 남경민 수석은 제2, 3장, 강종원 책임은 제5, 6장의 책임집필자임을 밝혀둔다. 아울러 초고를 꼼꼼히 검토해서 좋은 의견을 많이 준 삼일회계법인 정근영 전무와 롯데그룹 계열사 내부회계관리 담당 직원분들, 이영노 상무를 비롯한 롯데지주 준법경영실 직원분들에게 진심으로 감사의 말을 드린다.

2025. 8.

롯데지주 주식회사 준법경영실장 **박 은 재**

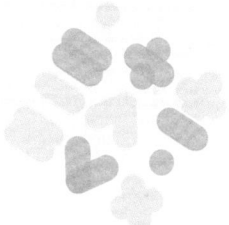

CONTENTS

제3장 문서화

제4장 설계 및 운영의 평가

제5장 미비점의 개선 및 재평가

제6장 IT 통제의 평가

제7장 운영실태 및 평가 보고

제8장 부정 방지 프로그램

제1장

내부회계관리제도의 이해
내부회계관리제도의 개념과 작동원리

내부회계관리제도는 내부통제의 일종으로서 '재무보고의 신뢰성 확보를 위한' 내부통제이다. 내부통제의 시스템은 전세계적으로 거의 모두 COSO의 프레임워크를 활용하고 있다. 위 프레임워크에 따른 내부통제는 그 목적으로써 '업무의 유효성 및 효율성', '보고의 신뢰성', '컴플라이언스' 세 가지를 가지고 있고, 그 구성요소로써 '통제환경', '리스크 평가 및 대응', '통제활동', '정보 및 의사소통', '모니터링' 다섯 가지를 갖고 있는데, 구성요소는 목적 달성을 위한 수단이라고 할 수 있다.

내부회계관리제도는 기존의 회계감사가 재무보고의 신뢰성을 확보하는 데 부족하다는 공감대를 기초로 발생한 것으로, 기존의 회계감사가 '결과'에 대한 것이라면 내부회계관리제도는 '과정'에 대한 것이다. 재무보고에 이르는 '과정'을 살펴보면서 재무보고에 영향을 미칠 수 있는 리스크를 식별, 평가하여 이에 대한 통제를 설계, 운영하고 모니터링을 통해 미비점을 개선해 나가는 것이다. 재무보고상의 오류를 찾아내려고 하는 것이 기존의 회계감사라면 그러한 오류의 발생을 방지하기 위한 노력이 내부회계관리제도이다.

01 내부회계관리제도의 개념과 내부통제와의 관계

❶ 내부회계관리제도란

내부회계관리제도란 '회사의 재무제표가 일반적으로 인정되는 회계기준에 따라 작성·공시되었는지 여부에 대한 합리적 확신을 제공하기 위해 설계·운영되는 내부통제제도의 일부분으로서 회사의 이사회, 최고의사결정자 등 모든 조직원들에 의해 지속적으로 실행되는 과정'을 말한다. 현행 내부회계관리제도는 2003년 12월 '주식회사 등의 외부감사에 관한 법률(이하 '외감법'이라 한다)'에서 법제화 되었는데, 이는 2002년 7월 미국에서 제정된 '사베인스-옥슬리법(Sarbanes-Oxley Act, SOX)'의 영향을 받은 것이다. 사베인스-옥슬리법은 엔론 사건, 월드컴 사건을 비롯한 대형 회계분식 사건들이 많아지자 이에 대한 반성으로서 회계부정에 대한 제재와 재무보고 감사절차의 강화 및 투자자 보호를 위해 제정된 법이다. 위 법은 제404조에서 내부통제시스템의 강화를 요구하고 있고, 이에 따라 회사는 재무보고의 투명성을 보장하기 위해 내부에서 감사하고 통제할 수 있는 시스템을 구축해야 한다. 외감법도 마찬가지로 법 제8조(내부회계관리제도의 운영 등)에서 회계정보의 작성과 공시의 신뢰성을 확보하기 위한 시스템(내부회계관리제도)의 구축, 운영을 요구하고 있다.

미국에서 거의 모든 회사가 위 사베인스-옥슬리법이 요구하는 내부통제시스템을 구체적으로 실현하는 틀로서 아래에서 설명하는 COSO에서 개발한 프레임워크를 활용하고 있고, 이는 우리나라에 있어서도 마찬가지인데, 상장회사협의회 내부회계관리제도 운영위원회가 제정한 '내부회계관리제도 설계 및 운영 개념체계와 적용기법'(이하 각각 '설계 및 운영 개념체계', '설계 및 운영 적용기법'이라 한다)과 금융감독원에서 제정한 '내부회계관리제도 평가 및 보고 기준' 및 '내부회계관리제도 평가 및 보고 가이드라인'(이하 각 '평가 및 보고 기준', '평가 및 보고 가이드라인'이라 한다)도 위 COSO 프레임워크에 기초하고 있다.

❷ 내부회계관리제도 감사와 회계감사

가) 내부회계관리제도 감사

내부회계관리제도는 자본 시장의 의사 결정에 가장 중요한 경영 정보에 관한 내부통제라는 점에서 외부감사인의 감사 대상이며, 나아가 금융감독원의 감리 대상이다. 따라서 회사는 임의로 내부회계관리제도를 운영할 수 없으며, 감독 당국이 제시한 법령 기타 가이드라인에 따라 운영하고 감독을 받아야 한다.

2018년 11월 개정 외감법 시행에 의해 상장 기업 중 자산 총액 2조원 이상은 2019년부터, 자산 총액 5,000억원 이상은 2020년부터, 자산 총액 1,000억원 이상은 2022년부터 내부회계관리제도 감사를 받아야 한다. 또한 자산 총액 2조원 이상 상장회사는 2023년부터, 자산 총액 5,000억원 이상은 2029년부터, 자산 총액 1,000억원 이상은 2030년 부터 연결 재무제표를 기준으로 내부회계관리제도에 대한 감사를 받아 야 한다.

'외감법'에 의하면 회사가 외부감사를 받고 공시해야 할 재무제표는 별 도 재무제표와 연결 재무제표[1] 두 가지이다. 두 종류의 재무제표에 대한 신뢰성 확보가 모두 내부회계관리제도의 목적이므로 내부회계관리제도 의 평가 대상도 '별도 재무제표 기준'과 '연결 재무제표 기준' 두 가지이 다. 내부회계관리제도란 재무보고와 관련된 내부통제의 유효성 평가이 기 때문에 별도 재무제표 기준이란 '별도 재무제표를 구성하는 단일 회 사의 내부회계관리제도'를 의미하고, 연결 재무제표 기준이란 '연결 재 무제표를 구성하는 지배회사 및 그 종속회사[2]를 포괄하여 운영되는 내 부회계관리제도'를 의미한다. 상장회사를 모회사로 가지고 있는 상장회 사는 중간 지배회사로 모회사의 연결 내부회계관리제도의 부분으로 참 여하는 동시에 자기 자신을 정점으로 한 연결 내부회계관리제도 운영 및 평가의 주체가 되기도 한다. 관계기업[3]도 연결 관점에서 중요한 회사 이나 지배회사의 직접적 통제가 어려운 점을 고려하여 내부회계관리제

---

1) 지배/종속관계에 있는 개별 기업들의 재무제표를 연결해 하나로 만든 재무제표를 말한다. 지배회 사(모회사)와 종속회사(자회사)로 구성된 기업집단 내의 개별회사의 재무제표를 결합하여, 개별회사 의 재무제표만으로는 파악할 수 없는 기업집단 전체의 경영성과와 재무상태를 적절하게 표시하는 것이 연결 재무제표 작성의 목적이다.

2) 투자자가 지배력을 행사할 수 있는 기업을 의미하며, 통상 특정 회사의 의결권 있는 지분을 50%를 초과하여 보유하면 일반적으로 종속회사로 분류한다.

3) 투자자가 유의적인 영향력을 보유하는 기업을 의미하며, 통상 특정 회사의 의결권 있는 지분을 20% 이상 50% 이하로 보유하면 일반적으로 관계회사로 분류한다.

도의 적용 범위에서는 제외한다.

참고로 미국(SOX), 일본(J-SOX)의 내부회계관리제도와 한국의 가장 큰 차이점은 미국이나 일본은 연결 재무제표 기준이 기본인 반면 한국의 경우 별도 재무제표 기준과 연결 재무제표 기준 두 가지 모두 평가를 진행한다는 점이다. 앞서 설명한 바와 같이 한국은 2019년 자산 총액 2조원 이상 상장회사부터 순차적으로 별도 재무제표 기준 내부회계관리제도 감사를 도입하였고, 2023년부터 자산 총액 2조원 이상 상장회사부터 순차적으로 연결 재무제표 기준 내부회계관리제도를 시행하였다.

나) 회계 감사와의 차이

내부회계관리제도 감사는 회계 감사와 어떻게 다른가? 회계 감사는 회계기록을 독립적인 제3자가 분석, 검토해서 적정 여부 의견을 표명하는 절차이다. 즉, 재무상태표, 손익계산서, 현금흐름표, 자본변동표 등 재무제표가 회계기준에 맞게 작성되었는지 분석, 검토해서 이에 관한 의견[4]을 표명하는 것이다. 회계 감사의 대상이 되는 것은 재무제표에 표시된 자산금액, 부채금액, 수익금액, 비용금액, 현금금액 등이 실제와 일치하느냐, 금액 산정에 평가가 필요한 경우 그 평가가 회계기준에 맞게 적절히 이루어졌는가 등이다.

이에 대하여, 내부회계관리제도의 감사는 재무제표에 직접적 또는 간접적 영향을 미칠 수 있는 리스크가 제대로 식별, 평가되고 적절히 통제되

---

4) 의견표명에는 적정의견, 한정의견, 부적정의견, 의견거절의 네 가지가 있다.

고 있는지를 분석, 검토해서 이에 관한 의견[5]을 표명하는 것이다. 회계 감사가 '결과'에 대한 감사라고 한다면 내부회계관리제도는 결과에 이르게 되는 '과정'에 대한 감사라고 할 수 있다. 예를 들어 보자. 회계 감사의 경우 손익계산서에 표시된 매출액 산정이 회계기준에 맞게 이루어진 것인지, 가공의 매출액이 포함되지는 않았는지를 각종 자료를 기초로 분석, 검토한다. 이에 대하여 내부회계관리제도 감사에 있어서는 신규 거래처의 계좌개설, 여신관리, 마스터 관리, 수주, 수익인식 및 매출계상 등 다양한 세부 절차로 구성된 매출 프로세스에서 재무제표 계정에 오류를 초래할 수 있는 리스크(예를 들어, 단가등록 조작)들이 잘 식별되고 평가되었는지, 이들을 통제하는 장치가 유효하게 설계되고 운용(예를 들어, 단가마스터의 신규등록 또는 변경시 정보시스템 책임자의 사전승인)되는지를 검토, 분석한다.

그런데, 도대체 왜 회계 감사와 별도로 내부회계관리제도 감사가 필요한 것일까? 이는 내부회계관리제도가 왜 필요한가의 문제이기도 한데, 그 이유는 회계 감사만으로는 소위 '분식회계'를 밝혀내기에 한계가 있기 때문이다. 회계 감사는 기본적으로 회사가 가지고 있는 자료를 기초로 이루어지는데 회사 측에서 이 자료 자체를 허위로 만든 경우 회계 감사 과정에서 이를 밝혀내기 어려운 경우가 많다. 사실 사회를 시끄럽게 했던 대형 분식회계 사건을 살펴보면 회계 감사에서는 '적정'의견을 받은 경우가 대부분이다. 그렇다고 하여 그 이유를 회계 감사가 부정하고 부실했기 때문이라고 단정하는 것은 성급하다. 오히려 회계 감사가 가

---

5) 의견표명에는 적정의견, 의견거절, 부적정의견의 세 가지가 있다.

진 한계 때문에 분식회계를 발견하지 못한 경우가 훨씬 많을 것이다.

이렇게 회계 감사가 가진 한계를 극복하기 위해 결과보다는 과정에 초점을 맞추어 애당초 잘못된 회계 자료가 생성되지 못하게 할 필요가 있었고 이러한 필요로 인해 탄생한 것이 내부회계관리제도 및 그에 대한 감사인 것이다.

회계 감사와 내부회계관리제도 감사는 이렇게 그 접근방법에 있어서는 매우 다르지만 밀접한 관계에 있다고 할 수 있는데, 왜냐하면 내부회계관리제도의 감사가 회계감사에 많은 영향을 미칠 수 있기 때문이다. 외부감사인이 재무제표 감사와 내부회계 감사를 같이 수행하는 것을 '통합감사(Integrated Audit)'라고 한다. 통합감사를 수행하는 경우 내부회계관리제도 감사 결과를 재무제표 감사 수행에 반영하여야 하며, 재무제표 감사 결과도 내부회계관리제도 감사 수행에 반영하도록 하고 있다. 이에 따라, 내부회계관리제도의 감사를 통해 외부 감사법인으로부터 신뢰를 얻게 되면 회계감사에 있어서 제공해야 하는 자료의 양을 대폭 줄일 수 있는 등 훨씬 효율적으로 회계감사를 받을 수 있다. 반면 내부회계관리제도 감사에서 외부 감사법인의 불신을 받게 되면 회계감사에서 엄청난 양의 자료제출을 요구받는 등 회계감사 대응에 들어가는 시간과 노력이 훨씬 증가하게 된다. 반대로 재무제표 감사 과정에서 재무제표 수정 사항이 식별되는 경우에는 이와 연관된 통제활동이 유효하게 설계되고 운영되었는지에 대하여 다시 한번 검토를 하게 된다. 내부통제의 목적 중 업무의 효율성 및 효과성이 상정되어 있는 이유를 잘 이해할 수 있게 하는 대목이다.

❸ 내부회계관리제도와 내부통제

내부회계관리제도에 관한 이야기를 더 진행하기 이전에 한 가지 개념정리를 분명히 해야 할 필요가 있다. 내부회계관리제도와 내부통제는 어떠한 관계에 있는가? 결론부터 말하면 내부통제가 내부회계관리제도를 포함하는 더 큰 개념이고 내부회계관리제도는 내부통제 중 '재무보고의 신뢰성 확보를 위한 내부통제' 또는 단순히 '재무보고에 관한 내부통제'[6] 라고 할 수 있다.

내부통제는 '회사[7] 내부에서 스스로 행하는 통제'로서 단지 재무보고의 신뢰성 확보를 위한 통제 시스템을 의미하는 것이 아니고 기업 활동의 모든 영역을 그 대상으로 하는 통제 시스템이다. 회사에는 영업의 종류, 분류기준 등에 따라 관리(기획, 인사, 재무, 준법, 감사, 홍보 등), 연구개발, 조달(구매), 제조(생산), 물류, 마케팅, 영업, A/S 등 매우 다양한 업무가 존재한다. 이렇게 다양한 업무 가운데 재무보고와 관련 있는, 보다 정확

---

6) '설계 및 운영 개념 체제' 문단 12는 내부회계관리제도는 재무보고의 신뢰성 뿐만 아니라 자산보호, 부정방지에 관한 내부통제라는 취지로 규정하고 있다(다만, 자산보호 또는 부정방지가 내부회계관리제도의 목적인지, 적용분야인지에 대해서는 명확하지 않다). 그렇다면 내부회계관리제도는 '재무보고에 관한 내부통제'라기보다는 '재무보고, 자산보호 및 부정방지에 관한 내부통제'라고 해야 할 것이다. 그러나 현재까지 내부회계관리제도는 '재무보고에 관한 내부통제' 위주로만 운영되어 왔기 때문에 본서도 내부회계관리제도는 '재무보고에 관한 내부통제'라고 전제하고 있음을 양해해 주기 바란다. 다만 2025년 회계연도 공시부터는 '횡령 등 자금 부정을 예방, 적발하기 위한 통제활동'을 공시해야 한다. 따라서 재무보고의 신뢰성을 위한 통제활동에 못지않은 수준으로 자금부정방지를 위한 통제활동이 이루어져야 하는 바, 내부회계관리제도의 개념도 '재무보고 및 자금부정방지에 관한 내부통제'로 변경되어야 하지 않을까 생각된다. 이와 관련하여 본서 마지막에 독립된 장을 두고 자금부정방지를 위한 내부통제에 대해 다루고자 한다.

7) 사실 내부통제가 필요한 조직은 회사뿐만이 아니다. 비영리사단법인, 재단법인은 물론 공공법인을 포함한 다양한 조직에서도 내부통제가 필요하며 실제, 회사 외의 다양한 조직의 내부통제에 대해서도 많은 논의가 있는 것이 사실이다. 다만 본서는 '회사'의 내부회계관리제도에 관한 내용이므로 내부통제의 주체를 회사로만 한정하기로 한다.

하게는 재무보고의 신뢰성에 영향을 줄 수 있는 업무에 대한 내부통제가 내부회계관리제도인 것이다. 따라서 아무리 회사에 중대한 손해를 가져올 행위라고 하더라도 그것이 재무보고의 신뢰성과는 관련이 없는 경우 내부회계관리제도의 대상이 아니다. 예를 들어, 새로운 투자여부를 결정할 때 관련된 여러 가지 요소가 신중하게 살펴지고 검토되도록 통제하는 것은 매우 중요한 내부통제의 문제이지만 이는 내부회계관리제도의 대상은 아니다. 같은 구매업무에 있어서도 구입한 물품의 수량과 가격이 정확히 재무제표에 반영되는 것은 내부회계관리의 대상이지만 업무의 오류로 트럭을 구입해야 하는데 승용차를 구입해 버렸더라도 승용차 구입상황이 정확히 재무제표에 반영된다면 위 오류에 대한 통제는 내부회계관리제도의 대상이 아니다. 이러한 내부통제와 내부회계관리제도의 관계에 대해서 대법원은 다음과 같은 태도를 취하고 있다.

🏛 **대법원 2021.11.11. 선고. 2017다222368**

내부통제시스템은 비단 회계의 부정을 방지하기 위한 회계관리제도에 국한되는 것이 아니라, 회사가 사업운영상 준수해야 하는 제반 법규를 체계적으로 파악하여 그 준수 여부를 관리하고, 위반사실을 발견한 경우 즉시 신고 또는 보고하여 시정 조치를 강구할 수 있는 형태로 구현되어야 한다.

사실 '내부회계관리제도'라는 명칭은 이를 처음 접하는 사람들에게 혼동을 가져올 수 있다고 생각한다. 이러한 명칭을 하게 된 연유야 있겠지만 내부회계관리제도가 내부통제의 일부분임을 명확히 알 수 있도록 '재무보고에 관한 내부통제'라는 명칭이 더 낫지 않았을까 생각된다. 일본의 경우 우리의 내부회계관리제도에 해당하는 제도에 대하여 '재무보고에 관한 내부통제'라는 명칭을 사용하고 있다. 실무적으로 SOX(또는 US

SOX), K-SOX, J-SOX라는 용어를 사용하고 있는데 SOX(또는 US SOX)는 사베인스-옥슬리법에 따른 미국의 내부통제를, K-SOX는 한국의 내부회계관리제도를, J-SOX는 일본의 재무보고에 관한 내부통제를 의미한다.

02 내부통제의 구성과 작동원리

① 내부통제의 정의 및 프레임워크(Framework)

'내부통제'는 1970년대까지는 주로 미국 및 영국 등의 재무회계분야에서 쓰이던 용어이지만 그 이후 경영전반에 관한 통제활동으로 개념이 발전된 것으로 '외부통제'에 반대되는 개념이다. '외부통제'라는 용어는 잘 사용되는 용어는 아니지만 법원, 검찰, 경찰, 공정거래위원회 및 관련 행정기관 등 '회사 외부'의 규제기관에 의한 통제를 의미한다. 내부통제라는 개념이 발전하기 전에는 '통제'라고 하면 '외부통제'를 의미하였고 회사업무 관련 법규와 기업 윤리를 포괄하는 규범의 준수는 임직원 개인에게 맡겨져 있었다. 물론 그때에도 '결재', '업무분장' 등 회사 내부의 통제장치가 없었던 것은 아니지만 이는 주로 회사 임직원 개인이 회사 자산 등에 손해를 가하는 것을 막기 위한 것이었지 내부통제에서 말하는 관련 법규와 기업윤리를 포괄하는 규범을 준수하기 위한 것은 아니었다. 오히려 관련 법규나 기업윤리에 위반하더라도 이윤 등을 높이는 행위라면 용인되는 분위기였다고 말해도 틀리지 않을 것 같다.

그러던 중 회사와 관련된 각종 불법행위 또는 위반행위가 빈번히 일어날 뿐만 아니라 점점 더 대형화되어 이들이 사회에 미치는 피해가 지대하게 되자 관련 법규와 기업윤리의 준수를 회사 임직원 개인에게만 맡겨놓은 채 규제기관에 의한 외부통제에만 의존하여서는 충분하지 않다는 공감대가 확산되어 갔고 이러한 가운데 발전된 개념이 '내부통제'이다. 내부통제는 회사가 관련 법규와 기업윤리의 준수를 더 이상 임직원개인에게만 맡겨 놓지 않고 회사 스스로 임직원 개인들이 이를 지킬 수 있도록 통제하는 시스템이다. 내부통제는 지금은 많이 익숙한 개념이지만, 통제라고 하면 외부통제만을 떠올리던 때를 기준으로 하면 규범준수 패러다임의 혁신적 변화라고 할 것이다.

내부통제의 툴로서 전세계적으로 거의 대부분 사용되고 있는 것이 COSO 프레임워크이다. COSO 프레임워크는 1992년대 초 트레드웨이 위원회 후원기관 위원회(Committee of Sponsoring Organizations of the Treadway Commission; COSO)에 의해 개발된 내부통제 프레임워크인데 현재 통용되고 있는 것은 2013년 5월에 개정된 프레임워크이다.[8] COSO는 자발적인 민간 비영리 기관으로서 1985년 내부감사인 협회(Institute of Internal Auditors; IIA), 재무담당 임원 협회(Financial Executives International; FEI), 미국공인회계사 협회(American Institute of Certified Public Accountants; AICPA), 미국 회계 학회(American Accounting Association; AAA), 관리회계사 협회(Institute of Management Accountants; IMA) 등과 같은 여러 전문가 단체에 의해 결성되었다.

COSO 프레임워크가 사베인스-옥슬리법에 의해 만들어진 것은 아니지

---

8) 주요 개정 내용으로는 첫째, 내부통제의 목적중 하나인 '재무보고의 신뢰성'이 보다 넓은 개념인 '보고(비재무보고와 내부보고를 포함)의 신뢰성'으로 변경된 점, 둘째, 부정에 관한 리스크 대응이 강조된 점, 셋째, 내부통제와 거버넌스 또는 전조직적인 리스크 관리의 관련성이 명확화된 점을 들 수 있다.

만 사베인스-옥슬리법에서 요구하는 사항을 일반적으로 충족하기 때문에 미국뿐만 아니라 세계 각국에서 널리 사용되고 있고 우리나라 외감법상 내부회계관리제도에서 요구하는 사항도 잘 충족하고 있기 때문에 위에서 언급한 바와 같이 한국 상장회사협의회 내부회계관리제도 운영위원회가 제정한 '내부회계관리제도 설계 및 운영의 개념체계 및 적용기법'과 금융감독원에서 제정한 '내부회계관리제도 평가 및 보고 기준'도 이에 기초하고 있고 회사들도 거의 모두 이 COSO 프레임워크를 사용하고 있다.

COSO 프레임워크는 내부통제의 목적으로 1. 업무의 유효성과 효율성, 2. 보고의 신뢰성, 3. 컴플라이언스의 세 가지를 들고 있고, 그 구성요소로서 1. 통제 환경(Control Environment), 2. 리스크 평가와 대응(Risk Assessment), 3. 통제 활동(Control Activities), 4. 정보 및 의사소통(Information and Communication), 5. 모니터링 활동(Monitoring Activities)의 다섯 가지를 들고 있다. 내부통제의 목적은 내부통제가 추구하는 가치이고 내부통제의 구성요소는 그 가치를 실현하는 방법이라고 해도 좋을 것이다. 즉 내부통제는 이사회, 경영진 및 모든 구성원이 업무의 유효성과 효율성, 보고의 신뢰성 및 컴플라이언스라는 가치를 달성하기 위해 적합한 통제환경을 조성하고, 정보의 정확한 생성과 원활한 전달을 통해 회사가 가진 여러 가지 리스크를 잘 식별·평가해서 이를 유효하게 통제하고 수시 또는 정기적으로 그 상황을 점검, 감사하는 프로세스라고 할 것이다.[9] 이를 이미지화하면 아래와 같이 큐빅 모양의 프레임

---

9) 참고로 COSO 프레임워크는 "Internal control is a process, effected by an entity's board of directors, management, and other personnel, designed to provide reasonable

워크 모형이다.

그림 1-1 COSO Cube (출처: www.coso.org)

❷ 내부통제의 목적

가) 개설

위에서 설명한 바와 같이, 내부통제의 목적은 내부통제를 통하여 달성하려는 가치로서 COSO 프레임워크는 '업무의 유효성과 효율성', '보고

---

assurance regarding the achievement of objectives relating to operations, reporting, and compliance."라고 정의하고 그 핵심적인 개념으로서 1) 하나 또는 두개 이상의 목적의 달성을 위한 장치라는 점, 2) 목적이 아닌 수단으로서의 프로세스라는 점, 3) 모든 레벨의 구성원에 의해 운영된다는 점, 4) 절대적 확신이 아닌 합리적 확신을 제공하기 위한 것이라는 점, 5) 조직의 구조에 따라 적용이 유연하다는 점을 들고 있다. (COSO, Internal Control Integrated Framework, Executive Summary, www.coso.org)

의 신뢰성', '컴플라이언스'의 세 가지를 들고 있다. 마치 법이 '정의', '법적 안정성', '구체적 타당성'이라는 세 가지 가치를 목적으로 추구하는 것 같이 내부통제는 '업무의 유효성과 효율성', '보고의 신뢰성', '컴플라이언스'라는 가치를 추구한다고 할 것이다.

그런데, 내부회계관리제도를 다룬 책들 중에는 그 목적에 관하여 이야기하면서 "내부회계관리제도의 목적은 '보고의 신뢰성'이다." 또는 "내부회계관리제도는 '보고의 신뢰성'을 목적으로 한 내부통제이다."라고 말하는 경우를 발견할 수 있는데 이와 같은 내용은 내부회계관리제도가 '보고의 신뢰성'만을 목적으로 한 제도인 것처럼 느껴지게 한다.

그러나 '법규명령, 사규 및 윤리도덕 등 모든 규범에 대한 정합성'을 의미하는 '컴플라이언스'와 '업무의 유효성과 효율성'은 재무보고에 관한 내부통제, 내부회계관리제도에 있어서도 매우 중요한 가치라고 생각한다. 재무보고에 이르는 전 업무과정에 존재하는 규범이 잘 지켜질 때 재무보고의 신뢰성이 확보될 것이고 재무보고의 신뢰성이 확보될 때 회사의 신용도가 높아져 업무의 유효성이나 효율성도 함께 제고될 수 있기 때문이다. 이렇듯 '업무의 유효성과 효율성', '보고의 신뢰성', '컴플라이언스'는 서로 떨어져 별개로 존재하는 것이 아니라 서로 밀접히 관계하면서 선순환의 고리를 이룰 수 있는 가치이고 따라서 이들은 내부회계관리제도가 함께 추구하는 목적이라고 이해하는 것이 타당할 것으로 사료된다. 사실, '업무의 유효성과 효율성'과 '컴플라이언스'라는 가치는 회사의 모든 업무와 관련되는 것이기 때문에 이들 가치와 무관한 특정 내부통제는 상정하기 어렵다고 생각한다.

나) 업무의 유효성과 효율성

'업무의 유효성과 효율성'은 내부통제의 목적으로 크게 두 가지 의미를 갖는다고 생각한다. 첫 번째는 내부통제를 잘하면 '업무의 유효성과 효율성'을 높일 수 있다는 것이다. 그런데, 이는 언뜻 통제라고 하면 이것 저것 여러 가지 절차를 밟고 체크도 해야 하기 때문에 '업무의 유효성과 효율성'이 저해될 것 같아 직감적으로 잘 안 와닿을 수 있을 것이다. 그러나 그렇지 않다. 리스크를 사전에 관리하는데 드는 시간과 노력이 리스크가 현실화되어 이에 대처하기 위해 드는 시간과 노력보다 훨씬 적을 수 있다. 따라서 회사 자원을 훨씬 유효하고 효율적으로 활용할 수 있는 것이다. 예를 들어, 자금 부정 사고를 보면 권한이 한 사람에게 집중되어 있어 발생한 경우가 많다. 만약 미리 내부통제를 통하여 자금관리와 관련된 업무가 잘 분리되었다면 자금 부정 사고로 인한 엄청난 피해와 이에 대처하기 위한 비용의 허비를 막을 수 있어 '업무의 유효성과 효율성'을 기할 수 있을 것이다. 또한 내부통제를 통하여 보고의 신뢰성이 높아진다면 회사에 대한 신뢰성도 높아져 투자유치, 자금조달 등의 업무에서 유효성과 효율성을 높일 수 있을 것이다.

내부통제의 목적으로서 '업무의 유효성과 효율성'은 또 하나의 중요한 의미를 갖는다고 생각한다. 그것은 내부통제를 위한 활동이 '업무의 유효성 및 효율성'과의 충돌 또는 마찰을 최소화할 수 있도록 이루어져야 한다는 것이다. 통제범위를 지나치게 넓게 확장한다든지, 리스크의 현실화 가능성과 그 영향을 고려하지 않고 무조건 가장 강력한 통제방법을 선택한다든지, 평가를 위한 샘플의 수를 비합리적으로 많이 한다든지 해서 '업무의 유효성과 효율성'을 해쳐서는 안된다는 것이다. 내부통제는 리스크 관리가 제대로 이루어지고 있는지에 대한 '합리적 확신'을 제공하는 것이지 '절대적 확신'을 제공하는 것은 아니다.

다) 보고의 신뢰성

'보고의 신뢰성'은 내부통제의 목적으로 자리하고 있지만 회사의 모든 업무가 '보고의 신뢰성'과 관련된 것은 아니기 때문에 '업무의 유효성과 효율성' 및 '컴플라이언스'에 비하여 업무에 대한 포괄성이 낮은 것은 사실이다. 아마도 프레임워크를 개발한 COSO가 재무보고와 밀접히 관련된 단체로 구성된 위원회이고 프레임워크를 개발할 때도 재무보고의 신뢰성 확보에 중점을 두고 개발하였기 때문에 재무보고의 신뢰성을 별도의 목적으로 상정하였고 추후 개정을 통해 '보고의 신뢰성'으로 그 범위를 확장한 것으로 생각된다.

COSO의 내부통제 프레임워크는 하나의 목적을 추구하는 내부통제와 둘 이상의 목적을 추구하는 내부통제를 모두 상정하고 있다.[10] 따라서 비록 업무에 대한 포괄성은 낮더라도 내부통제가 잘 기여할 수 있는 가치가 있다면 얼마든지 내부통제의 목적으로 자리매김해도 무방하다고 생각한다. 일본의 '재무보고에 관한 내부통제의 평가 및 감사의 기준'에는 내부통제의 목적으로 위 세 가지 목적 이외에 '자산의 보호'라는 별도의 목적을 추가하고 있는데 자산의 보호라는 것도 모든 업무에 적용되는 가치라고 말하기는 어렵다고 생각되지만 내부통제가 잘 기여할 수 있는 가치라고 판단하여 내부통제의 목적으로 상정한 것이라고 볼 수 있다.

---

10) COSO, Internal Control Integrated Framework, Executive Summary, www.coso.org 참조

라) 컴플라이언스

내부통제의 목적으로서 '컴플라이언스'는 회사의 업무와 관련된 법규 및 기업윤리를 포함한 모든 규범이 잘 지켜지는 것 또는 상태를 의미한다. 사실 규범이 잘 지켜지기 위해서는 규제기관 등의 외부통제만으로는 부족하고 회사 스스로 내부통제가 필요하다는 인식 하에 내부통제의 개념이 발생하고 발전한 점을 고려하면, 내부통제가 규범이 잘 지켜지는 것을 목적으로 한다는 것에 대해서는 특별한 부연 설명이 필요하지 않을 것이다. 다만 여기서 비록 본 항의 주제와는 직접적인 관계는 없더라도 컴플라이언스와 내부통제의 관계에 대해 간단히 살펴보고자 한다.

'컴플라이언스'는 연혁적으로나 개념적으로 내부통제와 매우 밀접한 관계를 맺으며 발전해 온 개념이다. 컴플라이언스는 위와 같이 내부통제의 목적인 한편, '컴플라이언스를 위한 시스템' 또는 '컴플라이언스 시스템'[11]은 일종의 내부통제라고 할 수 있다. 즉 컴플라이언스 시스템은 회사에 발생할 수 있는 리스크 가운데 규범위반행위로 인해 발생할 수 있는 리스크를 관리하기 위한 내부통제라고 할 수 있다.

오늘날 컴플라이언스와 관련하여 많은 회사들이 인증을 받고 있는 ISO 37301이라든지 공정거래위원회의 CP(Compliance Program)에서 요구하는 내용들의 근간을 살펴보면 COSO의 내부통제 프레임워크와 그 궤를 같이 하고 있다. 회사가 가지고 있는 규범 위반 리스크를 식별 및 평가하고, 그 리스크에 대한 통제를 설계 및 운영한 후 이를 평가하여 미비

---

11) 경우에 따라 컴플라이언스를 컴플라이언스 시스템으로 이해하기도 한다.

점을 개선해 나가는 한편 통제가 잘 설계 및 운영될 수 있는 환경을 함께 조성해 나간다는 프레임워크는 기본적으로는 동일하다고 할 것이다. 따라서 내부통제에 관한 COSO 프레임워크를 잘 이해한다면 컴플라이언스 시스템을 구축, 운영하는 데 많은 도움을 얻을 수 있다고 생각한다.

❸ 내부통제의 구성요소

가) 개설

내부통제의 구성요소는 내부통제의 목적인 '업무의 유효성과 효율성', '보고의 신뢰성', '컴플라이언스'라는 목적을 달성하기 위한 수단으로서의 의미를 갖는다. COSO 내부통제 프레임워크는 내부통제의 구성요소로서 통제환경, 리스크 평가와 대응, 통제활동, 정보 및 의사소통, 모니터링의 다섯 가지를 들면서 다음과 같이 정의하고 있다.

표 1-1   **내부통제의 5대 구성요소**

구분	정의
통제환경	내부통제제도의 기반을 이루는 구성요소로서 도덕성과 윤리적 가치에 대한 태도를 기반으로 이사회 및 감사 및 감사위원회를 포함한 내부통제제도 관련 조직의 책임을 명확히 하고 해당 업무를 수행할 수 있는 조직체계의 구성, 교육을 포함한 인력 운용 및 성과평가와의 연계가 이뤄질 수 있는 체계를 포함한다.
위험평가 (리스크 평가 및 대응)	내부통제제도의 목적 달성을 저해하는 위험을 식별하고 평가 및 분석하는 활동을 의미한다. 구체적이고 명확한 목적을 설정하여 관련된 위험을 파악하고, 파악된 위험의 중요도(심각성) 정도를 평가한다. 동 절차에서 부정위험 평가를 포함하여 고려하고, 회사의 중요한 변화사항을 고려하여 기존에 평가한 위험을 지속적으로 유지·관리하는 것을 포함한다.

구분	정의
통제활동	조직 구성원이 이사회와 경영진이 제시한 경영방침이나 지침에 따라 업무를 수행할 수 있도록 마련된 정책 및 절차가 준수될 수 있는 통제활동이 선택 및 구축될 수 있는 체계를 포함한다. 통제활동은 경영진의 업무성과 검토, 정보기술 일반통제, 승인, 대사 및 물리적 통제 등 다양한 방법이 포함된다.
정보 및 의사소통	조직 구성원이 내부통제제도의 책임을 수행할 수 있도록 신뢰성 있는 정보를 활용할 수 있는 체계를 구비하고 네 가지 통제 구성요소에 대한 대·내외 의사소통이 원활하게 이뤄질 수 있는 체계를 포함한다.
모니터링 활동	내부통제제도의 설계와 운영의 효과성을 평가하고 유지하기 위해 상시적인 모니터링과 독립적인 평가 또는 두 가지의 결합을 고려한 평가를 수행하고 발견된 미비점을 적시에 개선할 수 있는 체계를 포함한다.

나) 통제환경

통제환경이란 최고 경영진의 주도 하에 임직원들이 적극적인 활동을 통해 만들어가야 하는 것으로서 내부통제가 사내에서 효과적으로 작동하게 만드는 토대이자 기초를 의미한다.

COSO 프레임워크에서 통제환경과 관련하여 언급하고 있는 내용을 살펴보면 크게 회사는 도덕성과 윤리적 가치에 대한 책임을 강조하여야 하고, 내부통제에 적절한 조직구조, 보고체제를 갖추어야 하며 적격성 있는 인력에게 권한과 책임이 부여되어야 한다는 등의 것이다. 내부통제의 구성요소로서 통제환경은 단순히 이미 주어져 있는 어떠한 환경을 의미하는 것이 아니라 내부통제에 적절한 환경을 조성해야 한다는 적극적인 의미를 갖고 있다.

통제환경을 제외한 나머지 네 가지 구성요소들은 구체적이고 개별적인 업무와 관련성이 깊다. 즉, 이들은 기본적으로 구체적이고 개별적인 업무를 수행하는 과정에서 발생하는 리스크를 식별, 평가, 통제, 모니터링하는 것과 이를 돕기 위한 정보의 생성과 전달에 관한 것이라고 할 수 있다. 반면, 통제환경은 그 내용상 회사 전체 차원에서 갖추어져야 할 것을 이야기하지 구체적이고 개별적 업무 과정 또는 절차와 직접적인 관련성은 갖고 있지 않다.

통제환경은 구체적이고 개별적인 업무와 직접적인 관련성은 갖지 않지만 다른 구성요소들이 제 기능을 발휘할 수 있는 기초가 된다. 내부통제를 위해 적절한 통제환경이 갖추어지지 않으면 나머지 구성요소들이 제 기능을 발휘할 수 없다. 아무리 리스크 식별, 평가, 통제, 모니터링 등을 잘 한다고 하더라도 통제환경이 제대로 갖추어지지 않으면 제대로 된 내부통제가 이루어질 수 없는 것이다.

통제환경과 관련하여 꼭 언급하고 싶은 것이 있다. 다른 구성요소에 관한 문제들은 실무자 차원에서의 노력으로 많은 부분 해결될 수 있다. 그러나 내부통제에 적절한 통제환경 조성은 실무자 차원에서 할 수 있는 문제가 아니다. 이는 최고경영자를 비롯한 경영진의 의지와 능력에 달려있다. 준법이나 기업윤리에 관심이 없는 최고경영자가 운영하는 회사에서 제대로 된 내부통제가 이루어질 수 없는 것은 자명하다. 내부통제는 결코 그 실무 담당자들의 노력만으로 이루어질 수 있는 것이 아니다. 이것이 내부통제 전문가들이 일성으로 내부통제 구성요소에 있어 가장 중요한 것이 통제환경이라고 말하는 이유이기도 하다.

내부통제 구성요소인 통제환경의 주요 세부 사항으로는 다음과 같은 것들을 들 수 있다.

(1) 도덕성과 윤리적 가치의 강조

도덕성과 윤리적 가치의 중요성을 강조하는 것은 회사 전체 조직 문화를 형성하고 내부통제가 실질적으로 작동하게 하는 데 있어 중요한 역할을 한다. 이를 위한 실무적 활동으로는 임직원들의 의견과 경영진의 의지가 담긴 행동강령 내지는 윤리강령을 제정하고 전 직원을 대상으로 교육을 실시하는 활동, CEO의 컴플라이언스 메시지를 주기적으로 발표하여 윤리 경영에 대한 경영진의 의지를 지속적으로 전달하는 활동 등이 있다.

(2) 이사회의 내부통제 감독 책임

경영진으로부터 독립한 이사회가 내부통제를 객관성과 전문성을 가지고 관리·감독할 것이 요구된다. 이사회는 경영진이 수행한 내부통제 운영 결과에 대해 보고를 받고 관리할 책임을 지고, 감사는 경영진이 보고한 운영 결과에 대해 독립적으로 평가를 실시한 후 그 결과를 이사회에 보고하는 시스템이 갖추어져야 한다. 외감법도 내부회계관리제도[12]와 관련하여 동일한 취지로 규정하고 있는데, 특히 사외이사 중심으로 구성된 감사위원회가 설치되어 있는 대형 상장회사의 경우 이사회 내 위원회인 감사위원회가 운영 실태 평가를 실시함으로써 보다 강화된 전문성 및 독립성 하에 내부회계관리제도에 대한 감독 책임이 요구되고 있다.

---

12) 본절은 내부통제에 관한 설명이지만 실제로는 아직 일반적 내부통제가 시행되지 않고 있고 실제로 실행되고 있는 것은 내부통제의 일부인 내부회계관리제도이기 때문에 실무상의 활동에 관한 예나 이야기는 내부회계관리제도상 이행되는 활동에 관한 것이어서 내부회계관리제도라는 용어가 자주 사용될 수 있음을 양해 바란다.

(3) 조직구조

내부통제의 목적을 달성하기 위해 회사는 필요한 조직구조, 보고체계를 수립하고 필요한 권한과 책임을 적절하게 배분하여야 한다. 이와 관련된 일반적 실무적 활동은 다음과 같다. 회사는 상장회사협의회가 발표하고 있는 표준 내부회계관리규정 및 동 하위 지침들을 활용하여 최고경영진으로부터 내부통제팀, 관련 업무부서에 이르기까지 내부회계관리제도의 운영 책임이 있는 주요 조직들을 정의하고, 해당 조직에 적절한 책무를 부여할 수 있도록 자체 내부회계관리규정을 만들어 이사회의 승인을 받고 있다. 이렇게 승인된 내부회계관리규정에 근거하여 직무분장 및 권한 규정 등 관련 사규도 함께 정비하여 운영한다.

(4) 적격성 유지

회사는 내부통제 목적에 부합하는 적격성 있는 인력을 선발, 육성, 관리해야 할 책임을 진다. 이를 위해 실무상 이행되는 활동은 다음과 같다. 내부회계관리제도와 관련된 핵심적 업무 수행자의 자격 요건을 사전에 정의하고, 해당 직무 수행자와 관련된 인사가 있을 경우 적격성 유지 여부를 평가하는 프로세스를 수행하여 이를 문서화한다. 또한 내부회계관리제도의 효과적인 운영에 필요한 교육 계획(경영진 대상, 팀장 대상, 실무자 대상, 회계팀 또는 내부통제팀 등 전문부서 대상 교육과 같이 교육 대상별 수행 교육 다층화)을 수립하여 이를 수행하고 그 결과를 평가하고 개선해 나가는 활동을 수행한다.

(5) 내부통제 책임 부여

회사는 내부통제의 목적을 달성하기 위해 필요한 책임을 전체 구성원들에게 부여하여야 한다. 내부통제를 위한 활동은 이사회, 경영진, 내부통제팀에 의해서만 이루어지는 것이 아니고 전체 임직원에 의해 이루어지는 것이다. 실제 일상적으로 이루어지는 1차적 내부통제 활동은 관련 업무부서 담당자에 의해 이루어진다. 회사는 전체 임직원이 실질적인 책임감을 가질 수 있도록 하기 위한 방법을 강구하여야 한다. 즉, 내부통제와 관련된 성과평가를 실시하고, 내부통제 실패에 대한 징계를 공식화하여 실시해야 한다. 실무적으로 KPI 또는 인사 평가/징계에 관한 사항에 대하여 성과평가를 주관하는 부서, 인사평가 및 징계를 주관하는 부서와 긴밀한 협의 하에 관련 제도를 설계하고 운영할 필요가 있는 활동이다.

다) 리스크 평가 및 대응

(1) 개설

'리스크 평가 및 대응'이란 조직목표의 달성에 영향을 미치는 모든 리스크를 식별해 분석·평가함으로써 당해 리스크를 경감할 수 있도록 대응조치를 강구해 가는 일련의 프로세스이다.

여기서의 '리스크'는 영어의 Risk를 의미하는데 '위험'이라고 번역하기도 하나 내부통제 관련 책자나 실무에서 일반적으로 '리스크'라는 말을 그대로 사용하므로 '리스크'란 용어를 쓰기로 한다. '리스크'란 조직목표의 달성을 저해하는 요인을 가리키고 조직에 부정적인 영향을 미치는 것을 의미한다. '리스크'를 '불확실성(Uncertainty)'이라는 의미로 해석하면서 기업에 기회가 되는 긍정적인 경우도 있다고 이해하는 경우도 있지만, 여기서는 부정적인 영향을 미치는 경우로 한정한다.

일반적으로 리스크는 외부적 요인과 내부적 요인으로 나눌 수 있다. 외부적 요인이란 천재지변, 전쟁, 화재, 기후 위기, 사이버 공격, 시장 경쟁의 격화, 환율 또는 자원 시장의 급격한 변동 등을 들 수 있다. 한편, 내부적 요인이란 조직 가운데 발생하는 것으로 예컨대 정보 시스템의 고장 및 오류, 회계처리의 오류 및 부정행위의 발생, 개인정보 또는 경영정보의 유출 또는 고의적 누설 등을 들 수 있다.

(2) 리스크 평가

리스크 평가란 조직 목표의 달성을 저해하는 요인을 위험으로 식별, 분석 및 평가하는 프로세스를 말하며, 아래 순서로 수행한다.

① 리스크 식별

조직 목표의 달성에 부정적인 영향을 미칠 가능성이 있는 상황·사건·사고·행위 등을 파악하고, 구체적으로 어떠한 리스크가 있는가를 특정한다.

② 리스크 분류

식별된 리스크가 전사적 리스크인가, 개별적이고 구체적인 업무에만 관계된 리스크인가, 과거에 우리 조직 또는 동종 업계에서 경험했던 리스크인가, 사고 실험을 통해 이론적으로 도출한 미경험의 리스크인가 등의 관점에서 분류한다.

③ 리스크 분석

분류한 리스크에 대하여 당해 리스크가 발생할 가능성과 영향도를 분석하고, 리스크의 중요성을 종합적으로 측정한다.

④ 리스크 평가

측정된 리스크의 중요성에 비추어 대응책을 강구해야 할 리스크인가 아닌가를 평가한다.

(3) 리스크에의 대응

리스크에의 대응이란 상기의 리스크 평가를 받아서 당해 리스크의 적절한 대응방법을 선택하는 프로세스를 말한다. 소위 '리스크 관리'라고 불리는 행위이다. 리스크에의 대응에 있어서는 평가되는 리스크에 대하여 아래의 네 가지 방법 중에서 적절한 대응을 선택하는 것이 된다.

① 수용

리스크의 발생가능성 또는 영향의 크기에 영향을 줄 수 있는 어떤 행동도 취하지 않는 것, 즉, 리스크를 있는 그대로 받아들이는 결정을 말한다. 리스크의 중요성을 고려할 때 리스크에 대한 사전 대응 비용이 그 효과를 상회한다고 판단되거나 리스크가 실제 발생하여도 그 영향도가 무시할 만한 수준이라서 현실화한 후에 상황에 맞춰 대응해도 충분하다고 판단되면 조직은 리스크를 있는 그대로 수용하기로 결정할 수 있다.

② 회피

리스크의 원인이 되는 활동을 보류하거나 중지하는 것을 의미하고 리스크가 발생할 가능성 또는 영향은 매우 큰 반면, 리스크를 관리할 수 있는 수단이 현실적으로 존재하지 않는 경우에는 리스크 회피가 선택된다. 구체적으로 특정 제품의 생산 및 판매 중단, 특정 사업부의 매각 등이 그 예라고 할 수 있다.

③ 경감

가장 일상적으로 수행되는 위험 대응 방안으로 리스크의 발생가능성 또는 영향을 경감하기 위해 필요한 대응 조치를 취하는 것을 말한다. 추후 본서에서 다룰 내부회계관리제도의 설계 또는 운영 활동은 기본적으로 여기에 해당한다.

④ 공유

리스크 전부 또는 일부를 조직의 외부로 이전하거나 공유하는 방식으로 리스크의 영향을 낮추는 것을 말한다. 예를 들어 보험에 가입하는 것으로 만일의 사고에 발생하는 손실의 상당 부분을 보험회사에 전가할 수 있고, 공동 투자를 통한 경영 리스크의 분산, 위험회피 거래를 통한 위험 관리 등의 조치를 취할 수 있다.

라) 통제활동[13]

내부통제 구성요소로서의 통제활동은 내부통제 시스템에서 위험을 직접적으로 관리하고 완화하는 구체적인 실행 단계를 담당하기 때문에 별

---

13) 통제활동에 대한 설명에 앞서 개념상 정리가 필요하다고 생각되는 점이 있다. 내부통제는 외부가 아닌 내부의 '통제'로서 그 본질 또는 속성 자체가 '통제', 즉 'control'이다. 그렇다면 이 내부통제의 구성요소의 하나로서 통제활동(control activities)은 어떤 의미를 갖는 것인가. 일응 activities 라는 것에 착안하여 내부통제의 통제는 시스템이고 통제활동은 통제를 위한 구체적인 활동이라는 생각이 들지만 통제활동 이외의 다른 내부통제 구성요소인 통제환경, 리스크 평가와 대응, 정보와 의사소통, 모니터링 또한 모두 통제를 위한 구체적인 활동이다. 따라서 통제활동만을 통제를 위한 구체적인 활동이라고 이해하는 것은 곤란할 것이다.

도의 구성요소로 정의된다. 한편 내부통제를 위한 모든 활동은 회사 전체에 영향을 미치거나 업무 수준 통제 전반에 영향을 미치는 '전사적 수준 통제'와 개별 거래가 실제 발생, 기록, 처리 및 보고되는 과정에 대한 '업무 수준 통제'로 나눌 수 있는데[14] 내부통제 구성요소로서의 통제활동은 이 중 주로 업무상 통제에 관한 것이라고 할 수 있다.

즉, 내부통제 구성요소인 통제활동은 구체적인 업무 프로세스에서 통제장치를 설계, 운영하는 업무 수준 통제에 관한 것이고, 이 업무 수준 통제(통제활동)가 실효적으로 작동하기 위한 환경을 조성하고(통제환경), 회사 전체 수준에서 재무제표의 신뢰성에 중대한 영향을 미칠 수 있는 모든 리스크를 식별, 평가하여 대응하며(리스크 평가 및 대응), 이를 위해 정보와 의사를 원활히 교환하고(정보 및 의사소통), 주기적 또는 수시로 위와 같은 활동들이 유효하게 작동하고 있는지를 점검(모니터링)하는 것이 전사적 수준 통제라고 할 수 있다.

다만 이와 같이 이해하는 것은 '주로' 그렇다는 것이다. 통제활동과 관련하여 '통제활동의 방침과 절차를 전사적으로 잘 정하고 있는가', '직무의 분장은 명확하고 권한 또는 직책이 적절히 분담되어 있는가', '통제활동에 관한 책임과 설명의무를 리스크가 존재하는 업무 단위 또는 업무 프로세스 관리자에게 적절히 귀속시키고 있는가', '통제활동은 업무 전체에 걸쳐서 성실히 실시되고 있는가' 등을 점검, 관리하는 활동이 필요하

---

14) 물론 통제활동을 분류하면 전사적 수준 통제와 업무 수준 통제 외에 IT일반통제(IT자동통제로 식별된 통제활동이 계속적으로 유효함을 보증하기 위해 관련 IT시스템의 무결성을 확보하는 업무절차에 대한 통제)도 포함시켜야 하지만 IT일반통제는 IT분야에 특화된 통제로서 여기서는 일응 제외하기로 한다.

고 이는 전사적 통제에 해당한다.

그렇다고 업무 수준 통제라고 하여 통제활동 외에 다른 내부통제 구성요소와는 관련이 없는 것은 아니다. 내부통제의 다른 구성요소인 리스크 평가 및 대응에 대하여 살펴보면, 우선 내부통제가 목적하는 성과를 달성하는 데 지장을 줄 수 있는 모든 리스크를 평가, 대응하는 것은 전사적 수준 통제라고 할 수 있지만 이런 과정을 통해 식별된 개별적인 리스크 및 그에 대한 평가와 대응은 그에 대한 통제활동을 설계하고 운영하는 데 있어서 출발점이자 가이드라인이라고 할 수 있다. 개별적인 업무 수준 통제활동을 잘 설계하고 운영하기 위해서는 항상 그 통제활동이 대상으로 하는 리스크의 평가와 대응이 잘 고려되어야 한다. 따라서 리스크 평가와 대응은 업무 수준 통제와도 깊은 관련을 맺는다고 할 수 있다.

개별적인 업무 프로세스에서 이루어지는 통제활동에는 일반적으로 다음과 같은 범주가 있다.

① 승인(Authorization)

승인은 경영진으로부터 위임을 받은 적격한 관리자에 의해 유효한 회사의 의사결정이 이루어졌음을 검증 및 확인하는 절차이다.

② 상호대사(Reconciliation)

상호대사는 두 가지 항목의 일관성 여부를 확인하기 위한 절차이다. 가령 거래명세서와 매입세금계산서를 맞추어 보는 절차가 이에 해당한다.

③ 인터페이스(Data Interface)

데이터 인터페이스란 두 컴퓨터 시스템 사이에서 수동이나 자동으로 데이터를 주고받는 것을 의미한다. 인터페이스 통제는 주고받은 자료의 정확성 및 완전성, 무결성을 보증할 수 있도록 하는 통제이다.

④ 자동계산(Auto Calculation)

예를 들어 감가상각액의 계산이 IT시스템에 의해 자동적으로 이루어지게 함으로써 휴먼 에러를 방지하는 통제이다.

⑤ 시스템 접근 제한(Access Control)

권한 있는 자에 의해서만 시스템의 접근 및 데이터의 액세스가 가능하도록 하는 통제를 의미한다. 예를 들어 시스템 접근을 위한 인증 수단의 관리, 부여된 권한 이외의 기능 실행 방지 등의 통제이다.

⑥ 경영진 검토(Management Review Control)

전문적인 지식과 역량을 갖춘 경영진에 의해 심도 있는 검토를 실시하는 통제를 의미하며, 통상 자산 가치 평가, 이연 법인세의 계산 등 고도의 전문성을 요하는 회계 처리와 관련하여 회계 처리를 위한 기초 정보의 정확성, 주요 가정과 처리 방법의 적절성 등을 단계별로 관련 증거 자료와 함께 심층적으로 검토하고 이를 문서화하는 통제이다.

⑦ 업무 분장(Segregation of Duties)

혼자서 수행하는 경우 통제 우회의 위험이 존재한다고 판단되는 업무의 권한과 책임을 두 명 이상의 담당자나 혹은 두 개 이상의 부서에 분리하여 관리하는 것을 말한다. 예를 들어 상품주문 직원과 검수담당 직원의 분리, 결산 전표 작성 및 승인 권한의 분리 등이다.

마) 정보 및 의사소통

'정보 및 의사소통'이란 내부통제를 위해 필요한 정보가 식별, 파악 및 처리되고 조직 내·외부의 관계자 간에 원활하게 전달될 수 있도록 하는 것이다. 여기서 전달이라고 하는 것은 단순한 '전달'이 아니라 전달된 정보를 받은 사람이 이를 정확하게 이해하고 그 정보를 필요로 하는 모든 사람에게 공유되는 것을 포함하는 개념이다.

이를 위해서는 어떤 정보가 중요하게 다루어져야 할 정보인지를 정의하고 관련 정보를 어떠한 경로를 통해 획득할 수 있는지, 정보가 유용하고 정확할 수 있도록 관리하기 위해 필요한 조치들은 무엇인지를 검토하며 이를 정책과 절차로 만드는 활동이 필요하다. 특히 IT 시스템을 통해 생성, 전달되는 정보는 IT 시스템과 관련된 통제가 효과적으로 작동하여야 그 정보의 신뢰성을 확보할 수 있다는 점도 한 번 더 강조해 둔다.

또한 정보와 의사소통은 조직 안팎의 관계자와의 소통 채널을 통해 내부통제의 다른 기본적 요소를 상호 연결하고 내부통제의 유효한 운용을 가능하게 하는 기능을 갖고 있다. 내부신고제도를 통해 획득한 정보가 리스크로서 식별, 평가되고 컴플라이언스 위원회 등을 통해 그 대처방안이 마련되어 적절한 통제활동이 이루어지는 것, 주기적인 변화관리 워크샵을 통해 중요한 내부통제 리스크의 변화 정보를 공유하고 검토하는 것, 사내 게시판을 통해 정확한 정보가 전체 조직원에게 신속하게 전달되는 것 등이 그 예라고 할 수 있다.

바) 모니터링 활동

'모니터링 활동'이란 내부통제가 유효하게 기능하고 있는 것을 계속적으로 평가하는 프로세스를 말한다. 모니터링은 일상 업무상 통제활동의 일부로 수행되는 '상시적인 모니터링'과 업무와는 독립된 시점에서 실시되는 '독립적인 평가'가 있다. 양자를 적절하게 조합하여 모니터링 활동을 수행하는 것은 내부통제의 유효성 향상에 매우 중요하다.

(1) 상시 모니터링

상시 모니터링은, 통상의 업무 과정에서 실시하는 방식으로 전표 승인 시마다 회계팀이 전표에 기재된 금액과 첨부 서류와의 일치 여부, 승인 권자의 승인 여부 등을 체크하는 활동과 같은 수동 통제도 있을 수 있고, IT 시스템을 활용하여 대량의 법인카드 사용 내역을 분석하여 부정 사용의 징후가 있는 이상 거래 내역을 자동으로 검출하여 통보하는 시스템을 실시간 또는 매일 1회 운영하는 등의 자동화된 모니터링도 가능할 수 있다.

상시 모니터링은 관련 업무부서에 의해 수행되기 때문에 충분한 독립성은 없을 수도 있지만 일상적으로 실시된다는 점에서 그 중요성을 갖는다.

(2) 독립적 평가

독립적인 평가는 객관성을 가진 자의 평가를 통해 내부통제제도가 효과적으로 작동하고 있는지를 심도 있게 점검하는 과정으로 통상 내부감사팀 또는 내부통제팀에 의해 수행되는 모니터링 활동이다. 특정 기간에 대한 업무 감사나 연 단위로 실시되는 내부회계관리제도 설계 및 운영 평가 등이 여기에 해당하는 대표적인 활동이 될 수 있다.

사) 다섯 가지 구성요소 간의 관계

지금까지 다섯 가지 내부통제의 구성요소의 내용에 대해 살펴보았다. 이 다섯 가지 구성요소는 서로 밀접한 관계를 가지고 있는데, 다음과 같이 정리하면 구성요소 간의 관계를 좀 더 이해하기 쉬울 것 같다.

먼저 [통제환경]은 경영진(탑 매니지먼트)이 주체가 되어 윤리적인 경영 이념을 제시하고, 이사회 및 감사위원회 등 기업 지배구조를 구성하며, 각 조직에 적절한 감독 책임을 부여하는 등의 방법으로 내부통제가 효과적으로 작동될 수 있도록 하는 토대를 형성하는 활동이며, 이는 전사적 수준의 [통제활동]에 속한다.

[리스크 평가 및 대응]은 내부통제 전담부서 등 사내에서 감시기능을 담당하는 부서와 관계된 것이 많다. 유효한 리스크 평가 및 대응을 위해서는 관련 업무부서로부터 정보를 원활하게 취득하여 관련 업무부서가 돌아가는 사정을 잘 알아야 한다. 이를 위해 필수적인 것이 [정보 및 의사소통]이라고 할 것이다.

내부통제 전담부서 등이 마련된 대응책은 관련 업무부서에 잘 전달되어 (이것도 [정보 및 의사소통]이라고 할 것이다) 관련 업무부서에서 적절한 [통제활동]이 이루어져야 한다. 각 업무별 관련 업무부서의 담당자와 관리자가 주체가 되어 일상적인 업무과정에서 수행하는 [통제활동]을 '업무 수준 [통제활동]'이라고 부른다.

전사적 또는 업무 수준 [통제활동]은 내부통제 전담조직 등에 의해 효과적으로 수행하고 있는지 [모니터링]된다. [모니터링]도 [리스크 평가 및 대응]과 같이 내부통제 전담조직과 가장 관련성이 높은 구성요소라고 할 수 있다. [모니터링] 결과 문제점이 발견되면 내부통제 전담조직 등에 의해 그 대응책이 마련되어 [통제활동]에 피드백된다. 이렇게 각 구성요소들은 독립적으로 기능하는 것이 아니라 [정보 및 의사소통]을 통하여 서로 밀접히 관련되어 기능한다고 할 것이다.

제2장

평가범위의 선정

머리말에서 언급한 바와 같이 본서는 평가 업무의 프로세스에 따라 쓰여졌다. 평가를 하려면 우선 무엇을 평가해야 하는가를 고려해야 하는데 이는 평가 범위 선정 문제와 연결된다. 대규모 회사의 경우 많은 사업 단위와 업무 프로세스를 가지고 있다. 전사적 수준 통제에 대한 평가의 경우 그 통제들이 내부회계관리제도의 기초를 이루는 통제들이고 그 개수도 상대적으로 적어 모든 사업 단위와 업무 프로세스를 평가 범위에 포함하더라도 문제가 없지만 업무 수준 통제에 대한 평가의 경우 그렇게 되면 업무의 양이 지나치게 많아지고 집중도가 떨어져 오히려 중요한 통제에 대한 평가를 제대로 하지 못하게 될 수 있다.

따라서 업무 수준 통제 평가의 경우 그 평가 범위를 선정할 필요가 있는데 평가 범위를 선정함에 있어 가장 중요한 개념은 '중요성'이다. 재무제표의 신뢰성에 '중요한' 영향을 미치는 계정 및 주석 정보를 선정하고 위 계정과 주석 정보에 '중요한' 영향을 미치는 프로세스와 사업 단위를 파악하는 작업이 평가 범위 선정이다. 평가 범위 선정은 1) 유의한 계정과목과 주석정보의 파악, 2) 경영자 주장의 식별, 3) 업무 프로세스와 계정과목 매핑, 4) 평가 대상 사업단위의 선정 순으로 이루어진다.

01

위험기반 접근방법

내부회계관리제도가 잘 설계되어 운영되고 있는지 평가를 하려면 먼저 무엇을 평가의 대상으로 할지가 정해져야 한다. 제도의 목적상 평가의 대상은 재무보고의 신뢰성 확보를 위해 회사가 구축·운영하고 있는 전사적 수준 통제와 개별 업무 진행 과정에서 실행되는 업무 수준 통제가될 것이다. 전사적 수준 통제는 내부통제의 기본을 이루는 통제들이고 그 개수도 상대적으로 적어 통상 별도로 평가 범위를 정하지 않고 수행 중인 모든 통제활동을 그 대상으로 한다.

반면 업무 수준의 통제는 회사가 수행하는 수많은 업무 단위에서 이루어지는 모든 종류의 통제활동을 총망라하여 평가할 경우 그 범위가 너무 광범위하여 오히려 핵심적인 위험에 대한 통제 관리 수준은 하락하고 전반적인 통제 관리 비용만 증가할 수 있다. 따라서 업무 수준의 통제에 있어서는 선택과 집중의 원리에 따라 통제를 선별 실시하며 이와 관련된 업무를 평가 범위의 선정[15]이라 한다.

---

15) 본 장에서 다루는 내용은 내부회계관리제도를 처음 접하는 독자의 경우 다소 어렵게 느껴질 수 있으므로 한 번에 실무적인 세부 사항까지 다 이해하려 하기보다는 전반적인 절차와 개념을 중심으로 가볍게 읽어보고, 향후 전반적인 내용이 충분히 숙지된 후에 세부적인 실무 사항도 살펴보기를 권장한다.

이와 같은 평가 범위 선정과 관련하여 '평가 및 보고 기준'에서는 경영진은 효율적이고 효과적인 내부회계관리제도의 평가를 위해 위험기반 접근방법을 적용하도록 안내하고 있다.

위험기반 접근방법은 경영진이 회사의 사업 내용, 업무 프로세스 및 회계처리에 대한 축적된 지식과 경험 및 판단을 합리적으로 활용하여 중요한 왜곡표시(재무제표가 회계기준에 따라 작성되지 않아 사실과 다르게 표시)가 발생할 수 있는 위험이 존재하는 계정과목 및 주석 등을 파악한 후 관련 업무 프로세스 및 사업 단위를 결정하고, 위험 평가 결과에 따라 업무 프로세스 및 사업단위에서 설계 및 운영되는 통제를 식별하여 평가하는 방법을 말한다. ['평가 및 보고 기준' 문단2 나]

이렇게 위험기반 접근방법을 활용하여 '평가 및 보고 기준'에 정해진 검토 순서에 따라 평가 범위를 검토하고 각 단계의 검토 결과에 판단 근거를 포함하여 문서로 정리해야 하는데 이를 실무적으로 평가 범위 선정 또는 스코핑(Scoping)이라고 부른다.

02 스코핑(Scoping)

스코핑(Scoping)은 통상 아래와 같은 절차로 이루어진다.[16]

그림 2-1 스코핑(Scoping) 절차도

스코핑은 별도 재무제표 기준과 연결 재무제표 기준 두 가지가 존재하나 이 책은 입문서이고 두 가지 사이에 큰 흐름은 유사하여 구분없이 기본적인 스코핑 절차를 안내하도록 하겠다.

---

16) 다만, 유의적 계정과목 및 주석정보 파악 단계 다음부터는 실무상 혼재되어 진행되고는 한다. 가령 계정과목 분석을 통해 관련된 업무 프로세스를 경영자의 식별보다 먼저 파악할 수도 있다. 따라서 독자들은 순서보다 각 스코핑(Scoping) 단계에서 어떠한 분석과 검토가 이루어져야 하는지에 대하여 집중해서 읽기 바란다.

① 유의한 계정과목 및 주석정보의 파악

유의한 계정과목 및 주석정보를 파악할 때는 우선 중요성 금액이 기준이 된다. 이는 중요성 금액(Materiality) 이상이 되는 계정과목 및 주석정보가 유의한 계정과목 및 주석정보가 된다는 뜻이다. 중요성 금액을 산정하기 위해서는 결정지표(Benchmark)가 필요한데, 일반적으로 세전순이익, 영업수익(또는 매출액), 총자산(또는 순자산) 세 가지 지표 중 한 가지를 주로 활용한다. 지표의 선정은 회사가 영위하고 있는 사업의 특성, 주요 수익원천 등을 고려하여 정한다.

연결 재무제표 기준으로 중요성 금액을 산정하기 위해서도 별도 재무제표 기준과 동일한 결정지표를 이용하게 될 가능성이 크지만, 연결 재무제표 기준에는 다른 결정지표가 이용되기도 한다. 예컨대 자회사의 주식 보유가 주된 사업인 지주회사의 경우 별도 재무제표의 경우 자산이 결정지표이지만, 연결 재무제표 기준으로 보았을 때는 자회사들이 영위하는 사업이 훨씬 중요하므로 매출액 등이 결정지표가 되기도 한다.

통상 매출액의 경우 결정지표의 0.5~1%의 범위에서 중요성 금액을 설정한다. 예를 들어 회사가 2조원인 매출액을 결정지표로 하고 결정지표의 0.5%를 중요성 금액 설정 기준으로 하면 2조원 × 0.5% = 100억원이 중요성 금액이 된다.

- 매출액 또는 총수익의 0.5~1%
- 총자산의 1~2%
- 매출총이익의 1~2%
- 주주 자본의 2~5%
- 순이익의 5~10%

실무에서는 여기서 한 발 더 나아가는데 좀 더 보수적으로 제도를 운영하기 위하여(오류를 줄이기 위하여) 중요성 금액의 50~75% 수준에서 결정하는 수행 중요성 금액(Performance Materiality)이라는 것을 추가로 설정한다. 앞의 예를 이어서 살펴보면 100억원으로 결정된 중요성 금액에 50%를 추가 조정한 경우 수행 중요성 금액은 50억원이 되며, 액수가 50억원에 못 미치는 계정과목이나 주석정보는 정량적 금액 평가에서는 '유의한 계정과목 및 주석정보'에서 제외된다. 이를 정리하면 아래 표와 같다.

표 2-1 중요성 금액 산정 예시

기준 정보		산출 내역		
항목	금액(억원)	항목	금액(억원)	비고
총자산	15,000	결정지표	매출액	벤치마크 선정 기준 별도 기재
총매출	20,000	중요성 금액	100	매출액의 0.5%
세전순이익	5,000	수행 중요성 금액	50	중요성 금액의 50%

실무적으로는 최종 수행 중요성 금액 산정 시 금융감독원이 제시하는 표준 중요성 금액[17]도 함께 고려하여야 한다.

---

17) 회사 또는 외부감사인의 위법한 회계처리에 대한 제재 시 기준으로 활용되는 금액이며, 금융감독원 표준 중요성 금액은 회사의 자산 및 매출 규모 등을 종합적으로 고려하여 산정된다.

정량적 금액 평가 외에 정성적 평가(질적 요소 고려)도 수행해야 하는데 아래와 같은 기준을 고려하여 판단하도록 한다. 중요성 금액에 못 미치더라도 아래와 같은 기준에 따라 질적으로 중요하다고 판단되면 유의한 계정과목 및 주석정보가 된다.

① 계정과목 내 개별 거래의 복잡성, 동질성
  - 특정 계정과목이 다양한 거래와 관련하여 처리되거나 거래가 복잡할수록 재무제표 왜곡 표시를 야기할 위험이 높아진다.
② 추정이나 판단이 개입되는 회계처리 및 평가
  - 복잡한 추정이나 판단을 요하거나 불확실성이 높은 계정과목은 계산상의 오류나 의도적인 재무제표 왜곡 표시가 발생할 가능성이 상대적으로 높다.
③ 회계처리 및 보고의 복잡성
  - 신규 또는 복잡한 회계처리가 필요한 계정과목은 재무제표 왜곡 표시의 위험이 상대적으로 높다.
④ 우발채무의 발생가능성
  - 유의한 우발채무가 발생할 가능성이 높은 경우 질적 요소를 고려해야 한다.
⑤ 특수관계자와 유의적 거래의 존재 여부
  - 특수관계자와의 거래는 제3자와의 거래에 비하여 의도적인 재무제표 왜곡 표시의 가능성이 상대적으로 높다.
⑥ 계정과목 성격의 변화 및 당기 금액 변화 정도
  - 회계정책 등의 변경으로 계정과목의 성격이 변화한 경우나 당기 금액의 급격한 변화가 존재하는 경우 재무제표 왜곡 표시 위험이 상대적으로 높다.

⑦ 비경상적인 거래

 - 빈번하게 발생하지 않는 거래와 관련된 회계처리의 경우 재무제표 왜곡 표시 위험이 크다고 판단할 수 있다.

⑧ 관련 회계처리기준의 변경

 - 회계처리기준을 변경하거나 새로운 회계처리기준 도입과 관련된 계정과목은 재무제표 왜곡 표시 위험이 높아진다.

⑨ 법규 및 감독당국의 강조 사항

 - 금융감독원 등의 규제기관에서 중점 점검항목으로 강조하거나 감리 등을 통해 지적되는 항목은 일반적으로 재무제표 왜곡 표시 위험이 크다고 판단할 수 있다.

⑩ 주요한 외부환경의 변화가 존재하는 계정

 - 회사의 사업을 영위하는 외부환경에 중요하거나 급격한 변화가 존재하는 경우 재무제표 왜곡 표시 위험이 크다고 판단할 수 있다.

⑪ 부정 발생의 가능성

 - 부정한 재무보고, 자산의 남용 및 부패와 같은 부정에 쉽게 노출될 가능성을 고려해야 한다.

❷ 경영자의 주장 식별

경영자의 주장이란 경영자가 재무제표 계정과목과 주석정보에 대해 명시적 혹은 묵시적으로 주장하는 내용을 말하며, 회계처리기준에 따라 재무제표를 작성 및 공시하였다는 사실을 주장하는 것이다.

'매출' 및 '매출채권' 계정과목을 생각해 보자. 경영진은 해당 계정으로 무엇을 주장하고 싶은 걸까? 회사의 재무제표를 확인하는 사람들에게 우리 회사의 매출 거래가 회계기간 동안 실제로 발생하였고(발생사실) 보고일 기준으로 회수되지 않은 매출채권이 실제로 기록되어 있으며(실재성) 회계기간 중 발생한 매출과 매출채권은 누락 없이 모두 기록되었으며(완전성) 해당 계정은 회계처리 기준에 따라 적절히 처리되어 있음을(재무제표 표시와 공시) 주장하고 싶을 것이다.

표 2-2 경영자의 주장 식별 예시

계정 코드	계정명	프로세스	경영자 주장						
			실재성	완전성	권리와 의무	평가	표시와 공시	발생 사실	측정
1121000	매출 채권	매출	V	V			V	V	

경영자의 주장과 관련하여 '평가 및 보고 가이드라인'에는 다음과 같은 일곱 가지 사항을 규정하고 있다.

가) 실재성

실재성이란 재무상태표에 기록되어 있는 자산, 부채 및 자본이 보고 기간 종료일 등 주어진 특정일 현재 존재하고 있으며, 기록된 거래들이 특정 기간 동안 실제로 발생한 사건을 기록하고 있음을 주장하는 것이다. 예를 들면, 재무상태표상의 재고 자산은 회사가 보고기간 종료일 현재 실제로 보유하고 있는 자산을 나타낸다고 경영진은 주장한다.

나) 완전성

완전성이란 특정한 기간 동안 발생한 모든 거래와 사건들이 해당 기간에 모두 기록되었음을 주장하는 것이다. 이는 재무제표에 기록되지 않은 자산, 부채, 거래나 사건 혹은 공시되지 않은 항목은 없다는 주장이다. 예를 들어, 경영자는 모든 이자비용이 빠짐없이 (포괄)손익계산서에 표시되었고 재무상태표에 표시되지 않은 부채는 존재하지 않는다고 주장한다. 완전성에 대한 주장은 재무제표에 포함되어야 할 항목의 누락여부에 관한 주장으로 일반적으로는 부채와 비용 계정과 관련되는 것임에 반하여, 실재성 또는 발생 사실의 주장은 재무제표에 포함되지 않아야 할 가공의 항목이 없다는 사실에 관한 주장으로 자산이나 수익 계정과 보다 밀접하게 관련된다.

다) 권리와 의무

권리와 의무는 재무제표에 표시된 자산에 대해 해당 일자에 회사가 소유권 혹은 독점적인 사용권을 보유하고 있으며 부채는 해당 일자에 회사가 변제하여야 할 의무가 있는 채무가 존재한다는 주장이다. 예를 들어, 회사가 차입을 통하여 유형자산을 구입한 경우 재무상태표상의 유형자산은 회사가 미래 경제적 효익을 받을 수 있는 독점적 권리를 나타내고 차입금은 회사가 상환하여야 하는 의무를 나타낸다는 주장이다.

라) 평가

재무제표상의 자산, 부채, 자본, 수익과 비용 항목은 회계기준에 따라 적정한 금액으로 표시되었다는 주장이다. 거래들이 수학적으로 옳게 계산되고 적절하게 요약되어 회사의 장부에 반영되었음을 의미한다. 예를 들어, 재고자산은 제조원가 또는 매입가액에 부대비용이 가산되어 원가 계산방법에 따라 산정된 취득원가(순실현가능가치가 취득원가보다 낮은 경우에는 순실현가능가치)로 기록되었고, 금융자산은 보고기간 종료일 현재 공정가치 등으로 평가되었다는 주장이다.

마) 재무제표 표시와 공시

재무제표 구성항목 및 주석사항은 회계처리 기준에 따라 공시, 분류 및 기술되어 있다는 주장이다. 예를 들어, 재무상태표상 장기차입금으로 기록된 채무는 1년 이내에 상환되지 않는 채무임을 주장하는 것이다.

바) 발생사실

거래나 사건은 회계기간 동안에 실제로 발생하였다는 주장으로 일반적으로 (포괄)손익계산서 계정과목에 해당한다. 예를 들어, (포괄)손익계산서의 이자수익은 예금 또는 대여금을 통해 당기 중에 실제로 발생한 금액이라고 경영진은 주장한다.

사) 측정

회계적인 거래나 사건은 적절한 금액으로 재무제표에 기록되었으며, 수익이나 비용은 발생주의 원칙에 따라 적절한 회계기간에 배분되었다는 주장이다. 예를 들어, 유형자산의 취득가액은 적절한 내용연수 동안에 체계적인 방법을 통하여 감가상각비로 배분되었다는 주장이다.

정리하자면 경영자 주장은 당해 계정과목과 주석정보에 관한 리스크를 식별함에 있어서 지표 또는 점검포인트가 된다고 할 수 있다. 위에서 본 바와 같이 매출 및 매출채권 계정의 경영자 주장을 발생사실, 실재성, 완전성, 재무제표 표시와 공시라고 식별하였다면 향후 매출 및 매출채권 계정과 관련된 리스크를 식별함에 있어서는 매출 및 매출채권이 실제 발생하지 않았는데 계정에 인식될 리스크(발생사실), 발생은 하였더라도 기준일 현재는 존재하지 않는데 존재하는 것처럼 계정에 인식될 리스크(실재성), 발생한 매출 및 매출채권이 누락될 리스크(완전성), 회계원칙에 따라 적절히 재무제표에 표시되지 않을 리스크(재무제표 표시와 공시)를 검토해야 할 것이다.

선정된 유의적 계정과목과 주석정보마다 경영자 주장은 다르기 때문에 당해 계정과목 또는 주석정보에서 경영자가 주장하는 바를 미리 식별하여 두면 차후 관련 업무 프로세스에서 재무보고 리스크를 식별할 때 효과적인 지표로서 활용하게 된다.

③ 업무 프로세스의 파악 & 계정과목 매핑

중요한 계정과목이 선정되고, 이에 대한 경영자 주장도 식별되었다면 그 계정과목을 구성하는 업무 프로세스를 파악하고 서로 연결시키는 소위 '매핑(Mapping)' 작업을 수행해야 한다.

가령 매출 및 매출채권과 관련된 업무 프로세스는 무엇일까? 회사에 따라 '매출' 프로세스라고도 하고 '영업' 프로세스라고 부르기도 할 것이다. 이 매출(영업) 프로세스를 구성하는 요소를 생각해 보자. 먼저 매출과 관련된 부서들을 생각해 보면 매출을 일으키는 지사, 지점, 그리고 이를 관리하는 본사 영업본부 조직 등이 있을 것이다. 그리고 그 조직들에는 판매가격 결정, 판매오더 입력, 고객 배송, 거래명세서 발행 등 다양한 업무와 그에 관한 프로세스가 존재할 것이다.

이를 체계적으로 파악하기 위하여 업무 프로세스는 통상 2~3단계의 분류 체계로 세분화하여 정리한다. 예컨대 대분류, 중분류, 소분류 3단계로 나눈다면 가장 큰 구분 단계인 대분류에서 매출, 구매, 생산, 인사와 같이 큰 단위의 프로세스로 나누어 정리하고, 매출이라는 대분류 아래 중분류에서는 기초 정보 관리, 주문 접수 및 처리, 대금 청구, 대금 회수, 반품관리 등과 같은 매출보다 한 단계 아래의 업무 프로세스들이 망라될 수 있다. 여기서 한 단계 더 들어가 소분류 단계로 나아가면 기초 정보 관리에서 고객 마스터 정보 생성, 판매 가격 결정 등과 같은 가장 실무에 근접한 세부 단위의 업무 프로세스를 구분하여 정리할 수 있다. 이를 정리하여 도표로 그려보면 다음과 같다.

표 2-3 업무 프로세스 분류 예시

대분류	중분류	소분류
매출(영업)	기초 정보 관리	고객 마스터 정보 생성
		판매 가격 결정
		…
	주문 접수 및 처리	…
	대금 청구	…
	…	…
구매	…	…
인사	…	…
…	…	…

실무상으로 이러한 업무 프로세스가 사전에 명확하게 정립되어 있지 않은 회사의 경우는 내부회계관리제도를 구축하는 과정에서 구체적으로 정의되고 분류되기도 한다.

또한, 이러한 업무 프로세스와 관련된 중요 IT시스템이 있다면 관련된 통제도 설계가 필요할 것이기에 주요 매출 ERP시스템들도 함께 파악하도록 한다. IT시스템 식별과 관련된 부분은 제6장 IT통제의 평가에서 후술하도록 하겠다. 이렇게 파악된 업무 프로세스와 시스템은 관련 계정에 매핑하여 관리하도록 한다.

그렇다면 계정과목에 매핑된 모든 업무 프로세스를 평가해야 할까? 그것은 아니다. 재무보고에 영향이 적은, 중요도가 낮은 업무 프로세스는 제외할 수 있다. '평가 및 보고 가이드라인'에도 유의한 업무 프로세스라 하더라도 관련 하위 프로세스를 모두 동일한 비중으로 고려하기보다는 각 하위 프로세스별 위험평가를 통해 내부회계관리제도 평가자, 평가방법, 범위 및 시기 등을 적절히 조정하는 것이 바람직하다고 기술하고 있다. 따라서, 아래와 같은 요소를 고려하여 평가 범위를 결정하도록 한다.

가) 계정과 관련된 프로세스의 특성

- 프로세스의 복잡성
  - 프로세스가 복잡할수록 재무제표상 인식의 오류 가능성도 높아 평가의 필요성이 높아진다.
- 프로세스의 변경 정도
  - 프로세스의 변경이 잦거나 클수록 재무제표상 인식의 오류 가능성도 높아져 평가의 필요성이 높아진다.

- 중앙 집중화 및 동질성 정도
  - 중앙 집중화되어 있거나 동질성이 높으면 모든 프로세스를 평가할 필요는 없고 공통된 하나의 프로세스로 평가할 수 있다.
  - 예를 들어 사업 단위는 여러 개라도 영업 업무 프로세스가 모두 동일한 경우에는 하나의 프로세스로 보아 이를 평가할 수 있다.
- 프로세스를 지원하는 IT 시스템의 복잡성 및 변화 정도
  - IT 시스템이 복잡하거나 변화가 많을수록 그 운영에 있어 오류 가능성도 높아져 평가 필요성이 높아진다.
- 프로세스에 개입하는 내부 외부 이해관계자의 수(혹은 부서의 수)
  - 이해관계자의 수가 많으면 많을수록 재무제표상 인식의 오류가능성도 높아져 평가 필요성이 높아진다.

나) 부정위험

- 부정에 쉽게 노출되는 계정으로 부정행위 발생 가능성의 정도
  - 부정행위 발생 가능성이 높을수록 평가의 필요성이 커진다.

다) 전사적 수준의 요소

- 계정, 프로세스 및 부정위험에 영향을 미칠 수 있는 전사적 수준의 정책, 절차 및 통제 수준을 고려(예를 들어 내부회계관리 전담조직의 변화, 부정관리 프로그램의 수준, 교육의 수준, 회계정책 관리 등을 고려)
  - 전사적 수준 통제가 잘 되어 있으면 있을수록 평가가 필요한 프로세스가 적어질 수 있다.

원칙적으로는 앞서 순차적으로 살펴 본 바와 같이 경영자 주장 식별이나 업무 프로세스 파악 및 매핑은 유의한 계정과목 및 주석 파악 후에

이루어지지만, 실무상으론 경영자의 주장 식별이나 업무 프로세스 파악 및 매핑은 유의한 계정과목 및 주석 파악보다 선행되기도 한다. 전체의 계정과목 및 주석정보에 대해 경영자의 주장과 관련 업무 프로세스를 먼저 식별해 두고 유의한 계정과목을 선택하는 것이, 향후 계정별 금액 변동으로 인해서 평가 범위가 달라질 때마다 경영자의 주장이나 업무 프로세스를 추가로 식별하는 것보다 실무상 편리할 수 있기 때문이다.

아래 표는 실무에서 사용되는 계정과목과 업무 프로세스 매핑 표로서, 세로축 첫 번째 열에 표시된 유의한 계정과목이 가로축 첫 번째 행에 대분류 및 그 아래 중분류까지 표시된 업무 프로세스 중 어디에 관련되는지 표시한 표이다.

예컨대 계정과목 [매출채권]은 업무 프로세스 중 [기준정보관리], [주문 및 배송관리], [채권관리] 등과 관련이 있음을 알 수 있고, 같은 방식으로 선별된 모든 계정에 관한 관련 업무 프로세스를 한 눈에 확인할 수 있도록 정리하고 있다.

그림 2-2 업무 프로세스의 파악 & 계정과목 매핑 예시

프로세스 / 계정과목	매출								구매		물류			고정자산							
	기준정보관리	주문및배송관리	채권관리	수출관리	수익인식	가격결정정책	매출부대비용관리	기타	마스터관리	구매대금관리	물류관리	재고실사	재고관리	투자계획수립	자산취득	기중관리	투자부동산	자산처분	임대차	리스	고정자산
매출채권	V	V	V	V	V	V															
미수금	V		V	V	V		V	V											V	V	
상품									V	V	V	V	V								
투자부동산																V	V				
유형자산										V				V	V	V	V	V			V

❹ 평가 대상 사업 단위의 선정

가) 사업 단위 선정의 필요성

사업 단위란 회사에 있어 사업의 관리 단위를 의미하는데, 일반적으로 법적 실체(예 : 회사, 주식회사, 지배회사, 종속회사, 유한회사 등), 사업부문 또는 영업시설(예 : 생산설비, 판매조직) 등을 말하며 특정 단위 조직의 사업목적, 업무 프로세스, 전산 환경 등이 타 조직과 독립적인 경우 별도의 사업 단위로 본다. ['평가 및 보고 가이드 라인' 문단38]

예컨대 별도 재무제표 기준으로 회사 내의 각 사업부들이 대표적인 사업 단위이고, 연결 재무제표 기준으로 봐서는 연결 대상이 되는 각 종속회사들이 각각의 사업 단위가 될 수 있다.

앞서 선정한 유의한 계정과목과 주요 업무 프로세스에 관련되는 사업 단위가 다수 존재할 경우 모든 사업 단위의 통제활동을 빠짐없이 전부 관리하고 평가하는 것이 가장 이상적이겠지만, 이로 인해 얻을 수 있는 효익에 비해 과도한 인력과 비용이 투입될 수 있으므로 회사는 중요하고 핵심적인 사업 단위를 선별해서 평가를 하여 내부회계관리제도를 효율적으로 운용하여야 한다. 특히 많은 수의 종속회사를 평가 범위에 포함할지 또는 제외할지 결정해야 하는 연결 재무제표 기준에서 사업 단위 선정은 매우 중요한 절차이며, 외부감사인과 회사 간에 이견이 크게 발생할 수 있는 영역이라 금융감독원에서 구체적인 가이드라인까지 마련하여 제도를 운영하고 있다.

아래에서는 별도 재무제표 기준과 연결 재무제표 기준에서 어떻게 사업 단위를 선정하는지 살펴보자.

나) 별도 재무제표 기준 사업 단위 선정 방법

별도 재무제표 기준의 사업 단위 선정은 후술하는 연결 재무제표 기준 사업 단위 선정 방법에 비해 절차도 간단하고 구체적인 기준이 제시되어 있는 것도 없기 때문에 회사에서 합리적인 의사결정을 하여 평가 범위를 선정하는 것이 중요하다.

예를 들면, 회사는 A, B, C, D 총 4개의 사업부를 사업 단위로 하고 있고, 별도 재무제표에서 매출이 중요한 계정과목으로 선정되었는데 회사의 매출 현황을 살펴보니 A, B 사업부에서 발생하는 매출이 전체 매출의 98%로 회사 매출의 대부분을 차지하고 C, D 사업부가 창출하는 매출이 경미하다면 두 사업부를 제외한 나머지 사업부는 평가 대상에서 제외하는 결정을 할 수 있다.

다) 연결 재무제표 기준 사업 단위 선정 방법

연결 재무제표 기준의 사업 단위 판단은 조금 더 복잡하다. 동일한 법인 내의 사업부 수준이 아니라 법적 실체를 달리하는 여러 회사들을 대상으로 사업 단위를 선정해야 하기 때문이다. 원론적으로는 별도 재무제표 기준의 사업 단위 선정과 연결 재무제표 기준의 사업 단위 선정이 다를 이유는 없지만, 실무적으로는 연결 대상이 되는 법인 단위로 내부회계 평가 대상으로 포함할지 여부를 먼저 판단하고, 그 다음 각 법인 내부의 사업 단위를 앞서 본 별도 재무제표 기준의 사업단위 선정 절차에 따라 선정하는 것이 훨씬 효율적이다.

가령, 연결 재무제표 기준으로 자산 총액의 15%가 넘는 종속회사는

Tier 1으로 분류하여 해당 회사의 전체 프로세스를 평가하고 그 외의 종속회사는 주요 계정과목에 해당하는 특정 영역만 평가하거나, 규모가 미미하여 왜곡표시를 일으킬 위험이 현저히 적은 경우 평가에서 제외하는 것도 가능하다.

아래에서는 금융감독원 감독규정인 '연결내부회계관리제도 평가·보고 대상 범위 선정 가이드라인'의 내용으로 설명한다.

표 2-4   요약표

구분	평가·보고 범위
Tier 1	부문의 전체 프로세스(Full scope)
Tier 2	부문의 특정 프로세스(Specific scope)
Tier 3	그룹 차원의 통제 프로세스(Limited scope)로 대응

(1) 1단계 : 유의적 부문(Tier 1)

연결 재무제표상 중요성 금액 결정 지표(매출, 총자산, 세전손익 등)의 15%[18]를 초과하는 회사 등 부문이 이에 해당한다. 이 부문은 재무제표상 유의한 계정과목 등과 관련된 내부회계관리제도 프로세스 전체를 평가하고 이를 지배회사에 보고해야 한다.

양적 판단기준 외에도 유의적 부문을 선정하기 위해서는 아래의 질적

---

18) 연결내부회계관리제도 평가보고 대상 범위 선정 가이드라인(이하 '범위 선정 가이드라인'이라 한다) 문단6에 따르면 회사는 부문의 업종, 규모, 그룹 구조에 따른 중요한 왜곡표시 위험 등을 고려하여 주요 재무지표의 15%보다 높거나 낮은 백분율을 적용할 수 있다고 기재되어 있다. 가령, 회사 내 15%가 초과하는 부문이 없는 경우거나 있더라도 회사의 관리 목적에 따라 좀 더 보수적으로 설정하는 것도 가능하다.

판단기준을 종합적으로 고려하여야 한다. 특히, 양적 판단기준에 미달하더라도 아래 질적 판단기준을 충족하는 경우에는 유의적 부문으로 선정될 수 있음에 유의해야 한다.

(1) 부문에서 식별한 유의적 위험이 연결 재무제표 및 공시에 중요한 영향을 미치는 부문
(2) 그룹 수준에서 결정한 유의적 위험과 관련된 부문
(3) 규제 목적으로 유의적인 부문
(4) 명확한 사업적 목적이 존재하지 않는 부문
(5) 신규 취득한 부문
(6) 지속적으로 손실이 발생하거나 전기에 유의한 미비점 또는 중요한 취약점이 존재한 부문
(7) 부문 경영진의 회계 관련 적격성이 부족한 부문
(8) 부정위험이 높은 부문
(9) 기타 회사가 특정위험이 있다고 판단한 부문

표 2-5 연결 재무제표 기준 사업 단위 선정 검토 예시(1) Tier 1의 선정

회사명	Scoping 결과	자산 금액 (백만원)	자산 비중	매출 금액 (백만원)	매출비중
A사	Tier 1	8,700,000	37.1%	360,000	4.1%
B사	Tier 1	10,646,000	45.4%	4,873,000	55.5%
C사	Tier 1	2,884,000	12.3%	2,977,000	33.9%
D사	Tier ??	211,000	0.9%	88,000	1.0%
E사	Tier ??	141,000	0.6%	18,000	0.2%
F사	Tier ??	117,000	0.5%	35,000	0.4%
...	...	...	...	...	...

* Tier 1의 기준을 자산, 매출 비중의 5%로 설정한 경우

(2) 2단계 : 유의적이지는 않지만 개별적으로 중요한 왜곡표시를 발생시킬 가능성이 낮지 않은 부문(Tier 2)

Tier 1에 속하는 부문은 아니지만 유의한 계정과목 중 금액이 중요성[19] 금액의 4배수 이상인 것이 있는 부문의 경우 Tier 2 선정을 검토한다. 가령, Tier 1에 속하지는 않은 A종속회사가 연결 재무제표 (유의한 계정과목으로 선정된) 매출채권 계정에서 중요성 금액의 4배수 이상의 비중을 차지하고 있다면 Tier 2로 선정될 수 있다.

이 부문은 재무제표상 유의한 계정과목 등과 관련된 프로세스 전체가 아닌 특정 유의적 계정과목과 관련된 프로세스만 평가하고 이를 지배회사에 보고한다. 매출채권 계정으로 인해 Tier 2로 선정된 A종속회사의 경우 매출 프로세스와 재무보고 프로세스만 평가·보고 범위로 넣을 수 있는 것이다.

2단계 역시 아래와 같은 질적 판단기준을 양적 판단기준과 함께 종합적으로 고려해야 한다.

(1) 유의적인 변화(예: 양수, 자산취득 등)가 발생한 부문
(2) 그룹이 공통적으로 사용하는 시스템, 프로세스 및 통제를 활용하지 않는 부문
(3) 그룹 차원 통제의 운영 효과성이 낮은 부문
(4) 내부감사기능 업무가 수행되지 않는 부문

---

19) '범위 선정 가이드라인' 문단3(적용 범위)을 보면 "이 가이드라인은 회사가 연결 재무제표의 중요성 (또는 수행중요성) 및 유의한 계정과목과 주석정보를 선정한 뒤, 유의한 계정과목 등과 관련된 부문의 범위를 선정하여 연결내부회계관리제도를 평가·보고하는데 적용된다."로 기재되어 있다. 중요성과 수행중요성을 모두 기재해 둔 것을 볼 때, 여기서 말하는 중요성 금액은 중요성 금액 또는 수행중요성 금액 중 회사의 상황에 맞춰 선택할 수 있도록 선택의 여지를 열어놓은 것으로 해석된다.

(5) 그룹 차원에서 수행한 분석적 절차를 통해 비경상적인 변동이 식별된 부문

(6) 기타 중요한 왜곡표시를 발생시킬 가능성이 낮지 않다고 판단되는 부문

표 2-6 연결 재무제표 기준 사업 단위 선정 검토 예시(2) Tier 2의 선정

회사명	계정명	금액 (백만원)	검토결과
D사	현금 및 현금성 자산	100,000	중요성 금액의 4배(40,000백만원)를 초과하여 자금 관련 프로세스 평가 포함하고 Tier 2로 분류
	급여	35,000	중요성 금액의 4배를 넘지 않아 인사 관련 프로세스는 평가 제외
E사	현금 및 현금성 자산	30,000	중요성 금액의 4배를 넘는 계정이 없어 Tier 3으로 분류
	급여	15,000	

* 본 예시의 경우 중요성 금액은 10,000백만원

(3) 3단계 : 유의적이지는 않지만 다른 부문과 합쳤을 때 중요한 왜곡표시를 발생시킬 가능성이 낮지 않은 부문(Tier 3)

유의한 계정과목에서 1단계 및 2단계에서 선정된 Tier 1과 Tier 2가 차지하는 금액을 빼고 남은 잔액이 중요성 금액의 8배수 이상이라면 8배수 이하의 잔액이 남을 때까지 선정되지 않은 잔여 부문 중 추가로 Tier 2 종속회사를 선정하는 것을 검토한다.[20] 해당 부문도 유의적 계

---

20) '범위 선정 가이드라인'에 따르면, 이 경우 양적 판단기준을 적용함에 있어 회사는 중요성 금액과 더불어 아래의 양적기준을 추가로 고려할 수 있다고 한다. (1) 잔여 금액이 유의한 계정과목에서 차지하는 비중, (2) 특정 개별 부문이 유의한 계정과목의 잔여 금액에서 차지하는 비중, (3) 잔여 금액을 구성하는 부문의 개수

정과목과 관련된 프로세스만 평가하고 이를 지배회사에 보고한다.

3단계와 관련하여서도 아래 질적 판단기준을 종합적으로 고려해야 한다.

(1) 부문의 자산, 부채 또는 거래의 성격

(2) 부문에서 중요한 왜곡표시 위험의 수준

(3) 특정 부문에서의 왜곡표시 위험이 다른 부문에도 해당됨으로써 연결 재무제표상의 중요한 왜곡표시 위험을 나타내는지 여부

(4) 기록과 정보처리의 중앙집중화의 정도

(5) 부문으로의 권한 이양과 부문의 활동에 대한 감독을 포함한 통제 환경의 효과성

(6) 부문에 대한 모니터링 활동 등 그룹 차원 통제의 주기, 시기 및 범위

(7) 기타 잔여 부문이 다른 부문과 합쳤을 때 중요한 왜곡표시를 발생 시킬 가능성

표 2-7 **연결 재무제표 기준 사업 단위 선정 검토 예시(3) 잔여부문 검토**

계정명	재무제표 금액(1)	Tier 1 회사 (A, B, C) 합산금액(2)	Tier 2 회사(D) 합산금액(3)	잔여금액 (E, F 등) (1)-(2)-(3)	검토의견
현금 및 현금성 자산	1,250,000	1,060,000	100,000	90,000	잔여금액이 중요성 금액 8배(80,000백만 원)를 초과하여 추가로 사업 단위 선정 필요(Tier 3로 분류했던 E사를 Tier 2로 분류하고 자금 관련 프로세스 평가 추가)
급여	500,000	395,000	-	70,000	추가 선정 불필요

* 본 예시의 경우 중요성 금액은 10,000백만원

3단계에서 선정되지 않은 잔여 부문은 Tier 3로 분류한다. 해당 부문은 개별 프로세스에 대한 내부통제의 유효성에 대한 직접적 평가는 실시하지 않으나 그룹 차원의 전사적 수준 통제 및 모니터링 활동을 통해 내부통제를 간접적으로 수행하여야 하며 해당 내용을 지배 회사에 보고한다.[21]

Tier 3 부문의 경우 리스크가 낮다고 분류되어 직접적으로 회사의 내부회계관리제도 설계 및 운영 평가를 실시하지는 않지만 재무보고 신뢰성 확보라는 목적을 위해 적절한 내부통제를 설계하고 운영해야 한다. 따라서, 지배회사가 설계한 그룹 차원의 통제 활동을 준수할 의무를 가진다. 가령, 지배회사가 Tier 3에 대하여 재무제표 분석적 검토 통제를 설계한 경우 Tier 3는 재무제표 분석 자료를 성실히 작성하여 지배회사에 제출하여야 한다.

라) 특수한 경우 : 연중 새로운 사업이 생기거나 기존 사업이 없어진 경우

연말이 임박하여 새로 인수한 사업부가 있다면 이와 관련된 자산, 부채, 손익 등이 재무제표에 반영될 수는 있겠지만, 회사로서는 인수한 사업부에 대해 내부회계관리제도를 구축하여 운영할 수 있는 물리적인 시간이 절대적으로 부족하여 연간 수행된 내부통제를 평가하는 것이 불가능한 경우가 있다. 또한 연중에 매각하여 더이상 운영하지 않는 사업부가

---

21) '범위 선정 가이드라인' 문단4에 따르면 그룹 차원의 통제 프로세스의 적용을 받는 Tier 3의 경우 개별적으로 또는 다른 부문과 합쳤을 때 연결 재무제표에 중요한 왜곡표시를 발생시킬 가능성이 낮은 부문에 대해 그룹 수준의 위험평가와 부문의 재무보고 결과에 대한 모니터링 등 그룹 차원의 통제를 통하여 잔여 부문의 위험에 대응한다.

있다면 매각 이후에는 해당 사업부와 관련하여 재무제표상 기록해야 할 내용도 없고, 내부통제를 수행할 수도 없으므로 연간 운영된 내부통제를 평가하는 것도 불가능할 것이다. 이러한 경우 최종 내부회계관리제도의 평가 범위에서 제외하고 그 근거를 기록하여 관리한다.[22]

[참고] 내부회계관리제도 운영실태보고서 평가 대상 제외 예시

연말이 임박하여 새로 인수한 사업부로써 재무적 비중을 고려했을 때 평가 대상 범위에 포함해야 하나 수행된 내부통제를 평가하는 것이 사실상 불가능한 경우에는 실무상 아래와 같이 운영실태보고서에 제외한 사유와 그 비중을 같이 기재하여 공시한다.

당사는 내부회계관리제도 평가를 현실적으로 수행하기 어려운 피취득부문인 A사(취득기준일: 202X년 9월 30일, 평가기준일 현재 자산총액 및 매출액은 7,000억원 및 3,000억원, 취득 후 자산총액 및 매출액의 2% 및 1%에 해당)를 연결 내부회계관리제도 평가 대상에서 제외하였습니다.

⑤ 평가 대상 IT 시스템의 선정

업무 프로세스에 대한 범위 선정이 끝나면 관련된 IT 시스템에 대한 선정도 진행하여야 한다. 이를 위해서는 IT 통제에 대한 전반적인 이해가 필요하여 시스템 선정을 포함한 IT 통제에 대해서는 제6장에서 따로 자세히 설명한다.

---

22) 내부회계관리제도 평가 범위 제외에 대한 근거 조항은 "내부회계관리제도 평가 및 보고 기준 제2장 내부회계관리제도 평가 문단14 (평가 대상 사업단위의 선정) 다."에 기재되어 있다.

03

그 외 고려사항

❶ 평가범위 검토 수행 시기

평가범위의 검토는 최소 연간 2회 수행한다. 최초의 계획단계에는 전년도 기말 재무제표를 기초로 범위를 선정하게 된다. 하지만 내부회계관리제도의 대상은 전년도가 아니라 당해 연도의 재무제표를 대상으로 하기 때문에 기중 재무제표 변화를 점검하여 기초에 결정된 평가범위가 타당한지 재검토해야 한다.

재검토시 특정 계정과목이 신규로 평가범위로 들어오는 경우에는 해당 계정과목에 대한 면밀한 검토가 필요하다. 단순히 일회성 이벤트로 해당 계정과목이 당해 연도에만 평가범위로 들어온 것이라면, 신규 통제를 설계하는 것은 비효율적이기 때문에 기존에 식별된 통제를 검토하여 해당 이벤트를 커버할 수 있는 통제가 있는지 확인한다. 만약 신규사업 진출 등으로 앞으로 지속적으로 실적이 발생하는 경우라면 평가 범위에 포함하고 신규 통제를 즉시 식별하도록 한다.

회사의 평가범위와 외부감사인의 평가범위가 반드시 일치해야 할 필요는 없지만, 회사의 평가범위가 외부감사인보다 좁은 경우 외부감사인은 회사가 충분한 평가 절차를 수행하지 않았다고 판단할 가능성도 있으므로 계획단계부터 적시에 외부감사인과 커뮤니케이션하여 평가범위에 대하여 협의할 필요가 있다. 스코핑(Scoping) 절차는 외부감사인도 동일하게 수행하나, 중요성 금액 설정 비율, 연결 대상 사업 단위 및 평가 대상 업무 프로세스 선정 등에서 회사의 판단과 다소 차이가 발생할 수 있다. 회사가 미처 고려하지 못한 정성적인 요소를 고려하는 부분도 있겠지만, 금융감독원의 '범위 선정 가이드라인' 못지않게 각 회계법인이 소속된 글로벌 네트워크의 정책도 함께 준수해야 되기 때문에 이러한 차이가 발생하는 경우도 많다.

원칙적으로 회사는 금융감독원의 '범위 선정 가이드라인' 내에서 어느 정도 재량을 가지고 평가 범위를 선정하면 충분하지만, 외부감사인과의 평가 범위에 차이가 크게 나게 되면 회사의 자체 내부회계관리제도 운영과 외부 감사 대응이 이원화되는 등 실무상 불편함이 적지 않다. 따라서 스코핑(Scoping) 시 고려한 사항을 상호 점검하여 가능한 차이를 좁히고 차이에 대한 대응 방식에 대해 미리 협의를 해둘 필요가 있다.

❷ 전사적 수준 통제에 따른 평가 범위의 결정

전사적 수준 통제는 업무 수준 통제의 기반을 형성하며, 효과적인 전사적 수준 통제는 업무 수준 통제 및 IT 일반통제에 긍정적 영향을 미치게 되어 평가 범위를 줄여줄 수 있다. 반대로 말하면, 전사적 수준 통제에 미비점이 발생하게 되면 다른 통제의 평가 절차에 중대한 영향을 미치게 된다.

가령, 재무보고 통제와 관련된 전사적 수준의 통제를 생각해 보자. 그룹 회계정책이나 결산 매뉴얼 등이 그러한 예일 것이다. 이러한 그룹 회계 정책이나 결산 매뉴얼의 수립과 준수에 관련된 통제가 효과적으로 운영 되고 있다면 재무보고 요소의 왜곡 위험은 낮아지게 될 것이고 이와 관 련된 업무 수준 통제의 평가 범위를 줄일 수 있을 것이다.

내부회계관리제도 개념적으로는 전사적 수준 통제에 대해 먼저 고려하 고 그에 맞춰 업무 수준 통제의 범위를 검토하도록 하고 있지만, 실무적 으로 봤을 때는 평가 범위 선정을 통한 거래 수준 통제 대상을 결정하여 관련 통제들을 식별하는 과정에서 전사적 수준 통제로 대체가 가능한지 를 살펴보는 것이 통제의 누락을 방지하기에 더욱 적합하다.

제3장

문서화

현대 경영학의 아버지라고 일컬어지는 피터 드러커 교수는 "측정할 수 없으면 관리할 수 없고, 관리할 수 없으면 개선할 수 없다."고 하였다. 회사의 내부통제를 효과적으로 관리하기 위해서는 전사적 수준과 업무 수준에서 회사 곳곳에 내재화되어 있는 내부통제를 가시화하고 체계적으로 정리하여 이를 문서로 만드는 작업이 필요한데 이를 '문서화(Documentation)'라고 부른다.

문서화 또는 문서화 작업은 내부통제 평가를 위한 준비 작업이라고 할 수 있는데, 위 작업을 통하여 회사가 가지고 있는 리스크가 식별되고 그 리스크에 내부통제는 어떻게 되어 있는지 파악된다. 단순히 '파악'을 하는 것에 그치는 것이 아니라 새로운 통제 장치의 도입, 기존 통제 장치의 변경 등도 문서화 작업의 일환으로 이루어진다.

내부통제를 운영하기 위해서는 여러 가지 종류의 문서들이 작성되지만 일반적으로 문서화라고 할 때 1) 업무기술서, 2) 업무흐름도, 3) 통제기술서의 작성을 지칭한다.

01

개요

회사는 내부회계관리제도와 관련된 문서화를 수행하여야 한다. 문서화는 사업 수행에 필요한 정책 및 절차를 준수하는 데 일관성을 높일 수 있는 명확한 권한과 책임을 제시한다. 또한, 통제의 설계를 확인하고 통제 수행자, 수행 방식 등을 전달하며 수행의 기준과 기대사항을 수립하는 데 유용하다. 이는 임직원의 교육에도 유용할 뿐 아니라, 내부회계관리제도의 일부로 통제 운영의 증거를 제공하고 내부회계관리제도의 평가를 가능하게 한다. ['설계 및 운영 개념체계' 문단30 문서화]

모든 회사는 그것이 명시적이든 묵시적이든 나름의 업무와 관련된 내부통제 절차를 가지고 있다. 어느 회사를 가든 부서마다 각자 고유한 역할이 있고, 소관 업무에 대해 상급자의 결재를 받고 업무를 진행하는 과정이 있고, 회사가 중요하게 생각하는 가치나 관리 사항에 대한 교육과 평가 체계 등도 있다. 이 모든 활동들이 회사의 인식 여부와 무관하게 이미 내재적으로 수행하고 있는 내부통제 활동인 것이다.

이러한 일상적 내부통제 활동에서 내부회계관리제도가 한발 더 나아간 핵심적인 특징은 바로 문서화이다. 문서화를 통해 회사는 식별해야 할 리스크와 각 리스크 통제방안, 통제 주체 등 관리에 필요한 세부 사항을 모든 임직원들이 구체적이고 명시적으로 확인할 수 있도록 하고, 그 결과 명확한 책임 하에 체계적인 내부통제를 실시하면 내부통제 실시 현황 및 결과에 대해 제3자의 감독이 실질적으로 가능해진다.

내부회계관리제도의 운영에서 기본적으로 갖춰야 할 문서는 다음과 같다.[23]

① 업무기술서

식별된 업무 프로세스의 처음부터 마지막까지를 기술한 조서로, 보통 회계처리에 반영되기까지의 과정을 정리한다.

② 업무흐름도(Flowchart)

상기 업무기술서 내용을 단계에 따라 시각적으로 표현한다. 일반적으로 업무기술서와 업무흐름도는 하나의 세트로 구성되어 있다.

③ 통제기술서(Risk Control Matrix)

식별한 리스크에 대응되는 통제에 대하여 정리한 조서이다. 통제에 매핑되는 리스크, 경영자의 주장, 통제설명, 평가절차 등이 종합적으로 기술되어 있다.

---

23) 내부회계관리제도의 전 과정을 고려하면 위험 평가, 통제의 구축, 구축된 통제의 효과성 평가 및 보고까지 모든 과정이 문서로 만들어지므로 이 전부를 '문서화'라고 할 수도 있지만 일반적으로 문서화라고 할 때는 '업무기술서', '업무흐름도', '통제기술서' 세 가지의 작성을 의미한다. '평가 및 보고 가이드라인' 문단29에 따르면, 업무 프로세스가 단순하고 인력이 충분하지 않은 중소기업의 경우에는 통제기술서를 위주로 거래수준의 내부회계관리제도를 문서화할 수 있다고 한다. 또한 업무기술서는 간단한 프로세스의 경우 업무흐름도를 대체하는 수단으로 활용될 수 있다고 기재하고 있다.

문서화를 위한 준비

① 인터뷰 및 증빙 수취

문서화를 위한 첫 번째 단계는 실제 회사의 업무 프로세스가 어떻게 돌아가고 있는지 이해하고 확인하는 것이며, 일반적으로 관련 업무부서 담당자와 인터뷰에서부터 출발한다. 업무 프로세스에 관련된 부서 및 담당자가 여럿인 경우도 있기 때문에 하나의 업무 프로세스를 완성하기 위해서 인터뷰를 여러 번 시행해야 하는 경우도 많다.

관련 업무부서 담당자와의 인터뷰를 통해서 1차적으로 업무를 기술하고, 어느 정도 기술서가 정리가 되면 정확성을 높이기 위해 증빙을 수취한다. 업무 단계별로 주요한 산출물, 관련 사내 규정, 시스템 화면 등 수취해서 확인해야 할 증빙을 정리하여 관련 업무부서 담당자에게 징구한다. 수취한 증빙은 인터뷰 기록 내용과 대조하여 차이점은 없는지, 기술된 문서명이나 용어 등에 수정 사항은 없는지 확인하고 수정 사항이 있는 경우 업무기술서를 재작성하도록 한다. 재작성한 업무기술서는 다시 한번 관련 업무부서 담당자 전체에 배포하여 검토를 받도록 한다.

사실 실무에 있어서 관련 업무부서 담당자가 '말하고 있는 것'과 '하고 있는 것'이 다른 경우가 빈번히 발생한다. 예컨대 팀장의 승인을 득하여 업무를 추진하고 있다고 설명을 하여 승인 통제가 있는 것처럼 설명하였으나 막상 관련 업무부서에서 작성한 결재 문서를 보면 업무를 먼저 처리하고 사후 보고를 한 보고서를 두고 승인을 받았다고 주장하는 경우가 있다. 따라서 다소 번거로울 수는 있어도 한번 작성할 때 제대로 작성하지 않으면 나중에 같은 작업을 반복하는 수고를 할 수 있고 제도 운영 및 평가에 있어 미비점 발생으로 이어질 수 있기 때문에 유의하도록 한다.

② 리스크와 통제활동의 식별

업무 프로세스에서 이루어지는 활동을 정리하고 나면 구체적인 업무 처리 절차상에서 재무제표의 왜곡을 일으킬 수 있는 구체적인 리스크를 찾아내야 한다. 리스크 발견을 위해 가장 먼저 고려해야 할 것이 경영자 주장이다. 앞서 제2장에서 설명한 바와 같이 회계 계정에 관한 경영자 주장은 해당 회계 계정의 신뢰성 확보와 관련하여 가장 중요한 속성을 의미한다. 따라서 경영자 주장에 실패할 위험이 바로 해당 업무 프로세스의 내부통제 실패 위험이라고 할 수 있다. 예컨대 재고 자산이라는 계정의 경영자 주장인 '실재성'과 관련해서 재고 자산이 실제 존재하고 있다는 것이 중요한 경영자 주장이라면 회사가 주장하는 바와 달리 재고 자산이 실물로 존재하지 않을 위험을 주요 리스크로 보고 이에 대한 통제 수단인 '재고 입출고 통제', '주기적 재고 실사' 등이 통제활동으로 식별될 수 있는 것이다.

이렇게 각 회계 계정별 경영자 주장의 실패 위험을 식별하기 위해서 연역적 방법과 귀납적 방법으로 리스크를 찾아낼 수 있다.

(1) **연역적 방법** : 업무 프로세스의 진행 순서를 따라가면서 사고 실험을 통하여 각 업무 단계를 넘어가는 중에 일반적인 경험과 능력을 지닌 실무자가 범할 수 있는 실수를 추론하여 이에 대한 리스크를 식별할 수 있다.

(2) **귀납적 방법** : 실제 재무제표 작성 및 결산 과정에서 인적 오류, 시스템적 오류 등으로 인하여 재무제표가 왜곡된 경험, 감독당국 등에서 공개하는 회계 처리 부정 또는 오류 지적 사례 등 대내외 사례를 통해 리스크를 식별할 수 있다.

상기 방법을 모두 활용하여 중요한 리스크를 빠짐없이 식별해내기 위해서는 해당 분야에서 상당한 경험과 지식을 보유한 내·외부 전문가의 조력을 받아 리스크 식별작업을 진행하는 것이 바람직하다.

실제 회계법인 등 전문가의 조력 하에 리스크 식별을 진행해 보면 산업별 표준 업무 프로세스에 기반한 표준 리스크와 동종 업계의 구축 사례를 토대로 한 리스크 세트들을 기본으로 하여 내부회계관리제도 구축 대상 회사의 실제 업무 프로세스에서 관련 리스크가 어떤 형태로 발현되는지를 체크해 나가는 방식으로 리스크를 식별하는 경우가 많다. 대상 회사에 대한 감사 경험이 있는 전문가의 조력을 받는 경우 실제 회계감사 과정에서 빈번하게 문제가 된 사안들을 함께 점검하여 좀 더 실질적이고 효과적으로 리스크를 식별할 가능성이 높다.

이와 같이 리스크를 식별하고 나면 해당 리스크에 대응하기 위해 회사가 이미 수행하고 있는 통제활동이 있는지 확인한다. 앞서 1단계 인터뷰가 제대로 진행되었다면 회사가 이미 수행 중인 통제활동이 식별[24]되었을 것이다. 기 수행 중인 통제활동이 있다면 해당 통제활동이 식별된 리스크에 대응하기에 충분한지, 혹시 더 효과적인 통제활동으로 교체하거나 변경할 필요는 없는지 확인하여야 한다.

한편 식별된 리스크에 대응되는 통제활동이 발견되지 않는 경우 타사에서 운영하고 있는 사례 등을 토대로 회사가 새롭게 도입할 통제활동을 결정하여야 한다.[25]

이제부터 이렇게 수행된 사전 준비 작업을 토대로 구체적인 문서화를 진행해 보자.

---

24) 통제활동의 식별(Identify)은 이미 회사에 존재하고 있는 통제를 확인하여 공식화하는 것과 더불어 리스크에 대응되는 기왕의 통제가 존재하지 않아 새로운 통제를 구축하여 공식화하고 실무에 반영하는 것을 포함하는 개념이다.

25) 이와 같이 구체적인 리스크를 식별하고 통제활동의 대안을 제시하는 것은 내부회계관리제도 업무 중 가장 전문적인 지식과 경험을 요하기 때문에 내부회계관리제도 최초 도입 시점에는 회계법인 등 외부 전문가의 조력을 받아 진행하는 것이 일반적이다.

업무기술서의 작성

03

❶ 업무기술서 중요 기재사항

업무기술서에는 각 업무 프로세스별로 업무의 시작부터 관련 계정과목의 회계 처리나 주석정보 생성까지의 일련의 업무 처리 과정이 기술되어 있다.

업무기술서는 각 업무 프로세스에서 수행되는 업무의 내용을 설명 형식으로 기술한 문서로 업무의 출발점, 수행되는 업무처리 절차, 통제의 내용 및 관련 서류 등을 명확하게 기술한다. ['평가 및 보고 가이드라인' 문단29 다.]

참고로 업무기술서의 작성은 업무 수준 통제 및 IT 일반통제에 관한 것이다. 전사적 수준 통제(ELC)는 업무 수준 통제활동의 기반을 형성하는 통제로, 경영진의 태도나 철학 등과 관련된 사항으로 업무기술서나 업무흐름도로 표현되기는 어렵다.

표 3-1 업무기술서 작성 사례

Mega Process		Sub Process	수행부서	문서작성자	작성일자	수정일자
매출	RE10	주문 및 배송(국내)	지점	이순신	2019-01-01	2025-06-01

번호	업무기술(Description)	수행부서 (수행자)	참고문서	시스템	산출물
1	매일 오전, 영업사원은 근무지점으로 출근하여 지점사무실 내 PC를 이용하여 전일 거래처에서 받은 주문을 토대로 출고증을 작성한다. 영업사원은 작성한 출고증을 출력하여 지점장의 결재를 득한다.	각 지점	거래처 발주내역	스마트 거래시스템	출고증
2	영업사원은 출고증을 지참하여 지점 내 창고로 이동한 후, 출고증에 기재된 품목 및 수량의 재고자산을 창고 내에서 픽업하여 직접 상차 대상 파렛트를 구성한다. 파렛트 구성이 완료되면, 창고장은 출고증에 기재된 품목 및 수량과 실제 구성된 파렛트상의 제품 품목 및 수량이 일치하는지 여부를 검수한다. 창고장은 "스마트거래시스템"에서 검수 완료된 출고증의 품목 및 수량의 일치 여부를 확인한 후, "승인" 버튼을 클릭한다. **창고 내 출고, 반납, 수송 관련 승인 권한은 창고장에게만 부여된다.** [RE11.R01.C01: 창고 출납 및 반납 승인]	창고장	출고증 물류 관리규정	스마트 거래시스템	–
3	창고장의 검수가 완료되면, 영업사원은 검수가 완료된 파렛트를 상차하고 거래처를 방문하여 발주받은 제품을 납품한다. 납품완료 후, 현장에서 즉시 영업사원의 핸드폰에 설치된 스마트거래시스템에 접속하여 거래명세표를 생성한다. **영업사원은 거래명세표를 출력하여 거래처의 확인 서명을 받아 지점으로 복귀한다.** [RE11.R02.C02: 거래명세표에 대한 거래처 및 지점장 승인]	영업사원	거래명세표 매출 채권관리 규정	스마트 거래시스템	거래처 승인을 득한 거래명세표
4	배송 후 지점 사무실로 돌아온 영업사원은 거래처의 서명을 받은 거래명세표를 지점에 제출한다. 각 지점의 업무담당은 이후 거래명세표 data와 물류 출고 data의 검증 후 이상이 없을 경우 대금청구업무를 수행한다. **물류판매 데이터의 상호일치를 확인하면 지점 업무담당은 SAP에서 전체 판매내역을 선택한 후, "선택항목일괄처리" 버튼을 클릭하면 회계전표가 Posting되어 매출액으로 확정전표가 자동으로 생성되어 재무제표에 매출액으로 표기된다.** [RE11.R03.C03: 매출전표 자동생성]	각 지점 업무담당	거래명세표 지점 업무규정	SAP	SAP 매출전표

2 업무활동과 통제활동의 구분 기재

업무기술서에 기재되는 활동을 나눠보면 크게 업무활동(Activity)과 통제활동(Control)으로 구성된다. 업무활동은 업무의 목적 달성을 위해 단계적으로 이루어지는 활동이고 통제활동은 업무활동에서 재무제표 계정과목과 주석정보에 오류가 발생하지 않도록 점검하고 관리하는 활동이다.

예를 들어 신규 거래처의 계좌 개설 업무의 경우 거래처로부터 거래 요청을 받으면 영업 담당은 거래처 계좌개설을 신청하고 결재 권한 규정에 기해서 결재권한자가 승인을 한다. 이때 영업담당자의 거래처 계좌개설 신청 행위는 업무활동이고 결재권한자의 승인 행위는 통제활동이라고 할 수 있다. 업무활동은 대체로 거래처 계좌개설 신청과 같이 업무수행자의 '적극적인 행위'로 이루어지지만, 통제활동은 위 승인 행위와 같이 통제책임자의 '적극적인 행위' 외에도 거래처 코드를 생성하거나 변경할 때는 사전에 지정된 담당자만 접근이 가능하게 하는 시스템 기반의 '접근통제'와 같이 적극적인 행위를 요하지 않는 방식도 있다.

업무기술서의 핵심은 각 업무 프로세스에 있어서 업무활동과 통제활동을 구분하여 빠짐없이 기재하는 것이다. 실무적으로는 업무 프로세스상 업무활동의 흐름을 단계적으로 기재하고 그와 관련된 리스크들을 식별해 낸 후 리스크를 저감시키기 위한 통제활동을 뽑아내는 이미지로 이해해도 좋을 것 같다. 실무 사례에서 업무기술서에 업무활동과 관련된 리스크도 같이 기재하는 경우도 있지만 통상 업무기술서에는 리스크까지 기재하지는 않고 업무활동과 통제활동만을 기재한다.

실제 문서화 준비를 하고 업무기술서를 작성하다 보면 업무활동과 통제활동의 구분이 쉽지 않은 경우도 종종 발생한다. 특히 업무활동을 통제활동으로 혼동하여 기재한 사례는 심심치 않게 발견된다.

이 둘의 구분을 위해 실무자는 식별된 리스크를 중심으로 해당 활동이 리스크를 저감시키기 위한 것이라는 점을 합리적으로 설명해 낼 수 있는지 아니면 단순히 업무 처리 절차에 지나지 않는지를 면밀하게 판단해야 한다.

표 3-2 업무활동/통제활동 구분 예시

- 발생가능 RISK : 영업사원이 임의의 거래내역을 생성하여 매출 왜곡 또는 회사의 재무적 손실이 발생할 위험

No.	구분	활동 설명
1	Activity	창고장의 검수가 완료되면, 영업사원은 검수가 완료된 파렛트를 상차하고 거래처를 방문하여 발주받은 제품을 납품한다.
2	Activity	납품완료 후, 현장에서 즉시 영업사원의 핸드폰에 설치된 스마트거래시스템에 접속하여 거래명세표를 생성한다.
3	Control	영업사원은 거래명세표를 출력하여 거래처의 확인 서명을 받아 지점으로 복귀한다. [승인 통제]

- 발생가능 RISK : 매출거래내역이 장부상 매출과 매출채권에 적시에 정확히 반영되지 못할 위험

No.	구분	활동 설명
1	Activity	배송 후 지점 사무실로 돌아온 배송사원은 거래처의 서명을 받은 거래명세표를 지점에 제출한다.
2	Activity	각 지점의 업무담당은 이후 거래명세표 data와 물류 출고 data의 검증 후 이상이 없을 경우 대금청구 업무를 수행한다. 물류판매 데이터의 상호일치를 확인하면 지점 업무담당은 SAP에서 전체 판매내역을 선택한 후, "선택항목 일괄처리" 버튼을 클릭한다.
3	Control	회계전표가 자동으로 전기되고 매출액으로 확정전표가 생성되어 재무제표에 매출액으로 기표된다. [IT 시스템 자동 통제]

③ 기타 작성시 실무적 고려사항

① 업무기술서 상단에 프로세스별로 최초 작성일자, 수정일자 등을 함께 기재하여 변경 이력을 관리할 수 있도록 한다.

② 통제활동은 글꼴색을 달리하는 등 강조하여 업무활동과 구분되도록 표시한다.

③ 업무기술서 작성시 업무 수행팀, 업무 수행자, 관련 문서, 관련 시스템, 산출물 등을 함께 기재하도록 한다.

④ 업무기술서 작성을 위한 인터뷰를 통해 통제 설계가 미비한 것을 발견한 경우에는 일단 있는 그대로 현행 프로세스를 기술하여 작성한다. 이후 관련 업무부서와 미비점 개선에 대한 협의를 진행하고, 협의된 내용은 (To-be) 프로세스로 추가 기재해 둔다. 미비점 개선이 완료되면 개선된 내용으로 업무기술서를 최종 업데이트하도록 한다.

04

업무흐름도(Flowchart)의
작성

업무기술서 내용을 도식화하여 그림으로 그린 것이 업무흐름도이다. 업무흐름도와 업무기술서는 하나의 세트로 작성하여 관리한다. 업무기술서가 있음에도 불구하고 업무흐름도를 따로 작성하는 이유는 업무 프로세스를 그림으로 표현하면 전체적인 업무의 흐름을 시각적으로 쉽게 파악할 수 있고, 업무 흐름 내 통제가 단계별로 적절히 설계되어 있는지 확인하는 것도 쉽기 때문이다.

업무흐름도는 특정 계정과 관련된 업무 프로세스의 시작과 끝을 포함하고 있으며 업무 과정의 위험과 통제 설계의 적정성을 확인할 수 있도록 제시된다. 필요한 경우 몇 개의 하위 프로세스를 통합하거나 하나의 하위 프로세스를 세분하여 작성할 수 있다.

업무흐름도를 통해 업무 프로세스 내에서 발생 가능한 위험 및 관련 통제 등을 쉽게 파악할 수 있는 장점이 있으나 그 자체만으로는 통제목표나 경영자 주장 및 재무제표 계정과목 등과 연계하여 표시하기 어려운 단점이 있어 일반적으로는 통제기술서와 상호 보완하는 목적으로 활용된다.

그림 3-1 **업무흐름도 작성 사례**

Mega Process	Sub Process		수행부서	문서작성자	작성일자	수정일자
매출	RE11	주문 및 배송(국내)	지점	이순신	2019-01-01	2025-06-01

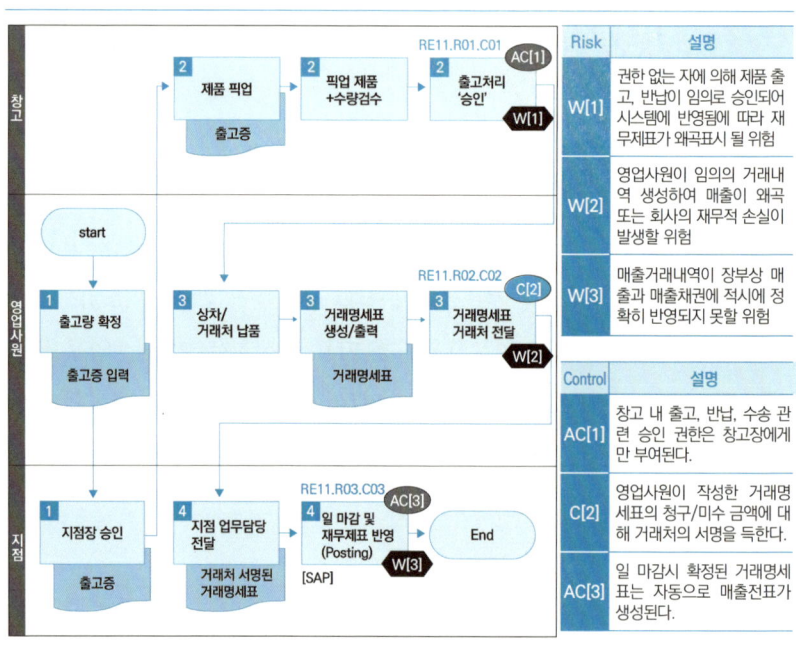

또한 표준화된 업무흐름도 작성을 위해 업무흐름도에 사용될 기호의 모양과 의미를 사전에 정하고 작성을 시작하는 것이 좋다.

그림 3-2 **업무흐름도에 공통적으로 사용할 기호 사례**

기호	설명
처 리	대조작업 등의 업무처리에 사용한다.
승 인	상사에 의한 승인절차 등에 사용된다.
서 류	작성된 서류를 표시한다.
시 스 템	업무관리 시스템 또는 회계시스템 등 관련된 시스템을 표현한다.
리스크	대상업무에 재무보고 리스크가 있는 경우, 리스크의 소재 또는 리스크의 번호를 보여주기 위해 사용된다.
컨트롤	대상으로 된 리스크에 대하여 대조작업 또는 승인작업 등의 내부통제가 있는 경우에 통제의 소재 또는 통제번호를 보여주기 위해 사용된다.

05

통제기술서(RCM)의 작성

앞서 업무기술서를 작성하면서 식별한 통제활동들은 통제기술서(RCM)에 종합하여 정리한다. 통제기술서란, 재무보고 리스크에 대응되는 통제활동에 대해 기술한 문서로 영어로는 Risk Control Matrix라는 단어로 좀 더 직관적으로 표현되어 있다.

통제기술서는 업무 프로세스 내의 하위 프로세스별 통제목표 또는 위험과 이를 관리하기 위한 통제 및 경영자 주장, 통제 유형 및 수행빈도 등을 일목요연하게 표현하는 데 매우 유용하며 내부회계관리제도 문서화 목적으로 널리 사용된다.

업무기술서는 일련의 업무 흐름을 시계열로 기술하는 것이 주이고 통제활동에 대해서는 간략히 기재되어 있다면, 통제기술서는 리스크별로 상세하게 해당 통제가 어떻게 리스크에 대응되고 있는지 분석되어 있는 문서라는 점에서 차이가 있고, 이렇게 리스크에 대한 대응이 상세하게 분석되어 있기 때문에 추후 평가 절차에 주로 사용되는 것은 통제기술서이다. 따라서 문서화에서 요구되는 문서 중 통제기술서가 가장 중요하다.

통제기술서(RCM)는 전사적 수준 통제(ELC), 업무 수준 통제(PLC), 정보기술 일반통제(ITGC) 모두 작성되는데, 각 통제의 성격이 조금씩 다르기 때문에 통제별로 통제기술서 작성 방식에도 일정 부분 차이가 있다.

먼저 구성 항목이 가장 많은 업무 수준 통제의 통제기술서를 먼저 살펴본 다음 전사적 수준 통제 및 정보기술 일반통제의 통제기술서를 차례대로 살펴보자.

① 업무 수준 통제기술서에 문서화해야 할 사항

업무 수준 통제기술서에 문서화해야 할 사항에는 다음과 같은 것들이 있다.

① 업무 프로세스

업무기술서 및 업무흐름도에 정리된 각 업무 프로세스명을 분류 체계에 따라 기재한다.

② 통제목표

통제의 목표가 재무보고의 신뢰성인지, 자산의 보호인지, 부정의 방지인지 등의 여부를 기재한다.

③ 리스크(통제위험)

업무기술서 및 업무흐름도에 식별해 둔 리스크 내용을 기재한다.

④ 관련 계정과목 및 경영자 주장

당해 프로세스와 관련된 계정과목이나 주석정보를 기재하고 그 계정과목과 주석정보에 대하여 스코핑(Scoping) 절차를 통해 식별한 경영자 주장을 기재한다.

⑤ 통제활동

업무기술서 및 업무흐름도에 식별해 둔 통제활동을 기재한다.

⑥ 통제의 속성

기술된 통제활동의 핵심적인 속성을 살펴보고 승인, 대조, 업무분장, 인터페이스, 자동계산, 자동분개, 접근통제, 경영진 검토 통제 등으로 유형화하여 기재한다.

⑦ 통제유형: 예방통제와 적발통제(Preventive/Detective)

리스크가 현실화되지 않도록 하기 위한 통제인지, 이미 현실화된 리스크를 발견하기 위한 통제인지를 기록한다.

⑧ 통제유형: 자동통제와 수동통제(Automated/Manual)

IT 시스템에 의해 자동으로 이루어지는 통제인지, 사람의 작업으로 이루어지는 통제인지를 기록한다.

⑨ 수행빈도

통제의 수행이 어떤 주기로 이루어지는지를 기재하며, 구체적으로 일별, 주별, 월별, 분기별, 반기별, 연별, 건별 또는 수시 중 선택하여 기재한다.

⑩ 관련된 정책 및 절차

통제와 관련된 사규, 매뉴얼 등 회사의 정책이나 절차가 명시된 문서 등을 기재한다.

⑪ 출발점(Baseline)

통제기술서에 기재된 통제활동이 언제부터 적용되었는지 해당 날짜를 기재한다. 통제가 중간에 변경되었다면 각 통제별로 적용 시점을 알아야 통제활동이 효과적으로 작동되었는지 평가할 때도 설계 변경 전에는 예전 통제활동으로, 설계 변경 후에는 현행 통제활동으로 나누어 평가할 수 있다.

예를 들어 6월에 업무 절차가 바뀌어서 통제의 설계도 같이 변경하였는데 새로운 통제의 출발점을 제대로 관리하지 않으면 1~5월의 통제 운영 평가를 6월에 변경된 통제 설계 기준으로 평가하여 1~5월 중에는 통제가 실시되지 않았다는 현실과 맞지 않은 결론이 나올 수도 있다.

⑫ 통제운영책임자(Control Owner)

원칙적으로 개별 업무 프로세스의 수행을 감독하며 통제활동의 설계와 운영의 책임을 지는 관련 업무부서 책임자를 의미하며 필요에 따라 통제 수행 부서, 책임자(성명 또는 OO팀장과 같이 직책으로도 표시), 수행자(승인 통제가 아닌 경우 검토/대사 등의 통제 실무를 수행하는 자) 등을 구분하여 표시하여 관리하면 해당 통제활동의 권한과 책임을 명확히 하고 미비점에 대한 개선조치를 포함한 변화관리에도 유용하다.

⑬ 모집단의 정의 및 확보 절차, 모집단 완전성 검토 방법, 테스트 절차

내부회계관리제도는 통제의 설계뿐만 아니라 통제의 평가도 매우 중요한 요소이므로, 설계된 통제가 효과적으로 작동되는지를 확인하기 위한 평가 방법 또한 정교하게 설계되어 있어야 하므로, 이에

관한 내용도 함께 기재한다. 모집단 정의시에는 다음과 같은 특성을 고려해야 한다.

- 해당 모집단이 평가 목적에 부합하는지
- 해당 모집단이 완전성을 갖추고 있는지
- 해당 모집단 내의 샘플링 대상 단위가 적절한지

표 3-3 업무 수준 통제(PLC) 통제기술서 사례

업무프로세스						통제목표	리스크(통제위험)		경영자의 주장						통제활동		
프로세스 번호	프로세스 이름	중위프로세스 번호	중위프로세스 이름	하위프로세스 번호	하위프로세스 이름		리스크 No.	WCGW (What Could Go Wrong, 재무제표에 중대한 왜곡표시를 야기할 수 있는 위험이 회사의 프로세스에 존재할 합리적인 가능성(reasonable possibility))	실재성 발생	완전성	권리와 의무	평가와 배분	표시와 공시	측정	통제활동 번호	통제활동 이름	통제활동 설명
RE	매출	RE10	주문 및 배송관리	RE11	주문 및 배송(국내)	>	RE11.R01	권한이 없는 자에 의해 제품 출고, 반품이 임의로 승인되어 시스템에 반영됨에 따라 재무제표가 왜곡표시 될 위험	>						RE11.R01.C01	창고 출고 및 반품 승인	창고 내 출고, 반품, 수송 관련 승인권한은 창고장에게만 부여된다.
RE	매출	RE10	주문 및 배송관리	RE11	주문 및 배송(국내)	>	RE11.R02	영업사원이 임의의 거래내역을 생성하여 매출이 왜곡 또는 회사의 재무적 손실이 발생할 위험	>		>				RE11.R02.C02	거래명세표에 대한 거래처 및 지점장 승인	영업사원이 작성한 거래명세표의 청구/미수 금액에 대해 거래처의 서명을 득한다;
RE	매출	RE10	주문 및 배송관리	RE11	주문 및 배송(국내)	>	RE11.R03	매출거래내역이 장부상 매출과 매출채권에 적시에 정확히 반영되지 못할 위험	>					>	RE11.R03.C03	매출전표 자동생성	의 마감시 확정된 거래명세표 자동으로 매출전표가 생성된다.

통제분류		통제유형			주기								정책/절차		출발점 (YYMMDD)	통제운영책임자		테스트 절차	모집단 및 테스트 절차	
핵심통제 여부	통제의 속성	예방/적발	수동통제 M	자동통제 A	일별 발생시	주별 발생	월별 발생	분기별 발생	반기별 발생	연별 발생	건별 발생	상시	관련 규정/규칙	IT시스템		통제부서	통제담당자		증빙명	모집단
Y	접근통제	예방		V								V	물류관리 규정	스마트거래 시스템	250701	물류 관리팀	팀장	1. 제품 출고, 반품, 수량에 대한 전산상 승인권한이 부여된 접속자 List를 확보한다. - 시스템 접속자 List를 확보한다. - 접근경로 또는 정보소재 위치 : SAP - 접근경로 또는 T-code : Z90(물류 창고 담당자 관리) 2. 확보된 출고 및 반납 권한이 창고장에게만 부여되어 있는지 확인한다. 3. 창고장 외 영업사원 및 지점 업무에 권한으로 접속하여 승인이 제한되어 있는지 확인한다. 4. 차이 현황을 발견할 경우 원인을 파악하여 테스트 결과로 기록한다.	SAP 물류 창고 담당자 관리	SAP 물류 창고 담당자 관리 List
N	승인	적발	V								V		매출채권 관리 규정	SAP	250701	채권관리 담당	매니저	1. 테스트 기간 동안 SAP 거래처별 매수현황 화면에서 판매(반)데이터 리스트를 확보한다. - 시스템 : SAP - 접근경로 또는 T-code : Z98(거래처별 매수현황) 2. 모집단에서 샘플링 대상을 랜덤으로 추출한다. 3. 샘플로 추출한 거래처의 채권잔액이 [거래명세표]에 기록된 내역과 일치하며, 해당 거래내역에 대한 거래처의 서명을 득하였는지 확인한다. 4. 차이 현황을 발견할 경우 원인을 파악하여 테스트 결과로 기록한다.	거래처 서명된 거래명세표 및 거래내역기록	월별 거래처별 매수현황
Y	자동분개	예방		V								V	자점업무 규정	SAP	250301	IT개발 담당	매니저	1. 일 마감시 대금청구 유지보수를 시행하면 판매[품목]리 거래명세표에 대한 매출전표가 자동으로 생성하는 소스 내역을 확보한다. - 시스템 또는 T-code : Z04 대금청구 - 접근경로 또는 정보 소재지 : SAP 2. 대금청구문서 생성 시 매출 전표를 자동으로 생성하는 설정로직을 확인하고, 이를 기술한다. 3. 차이 현황을 발견할 경우 원인을 파악하여 테스트 결과로 기록한다.	Z04 대금청구 유지보수 화면	ZVF04 대금청구 유지보수 화면 리스트

② 핵심통제의 선정

통제기술서 작성의 꽃은 핵심통제의 선정이다. 특히 업무 수준 통제에 있어 핵심통제는 특정 계정과목에 대한 경영자 주장별로 발생 가능한 위험에 대응하는 통제 중 없어서는 안 될 통제를 의미한다. 재무제표 왜 곡표시 위험을 줄이는 데 가장 직접적인 영향을 미치는 통제로 어떤 다른 통제보다도 회사가 해당 계정과목의 왜곡 표시 위험을 방지하는 데 가장 우선적으로 고려하는 통제라고 할 것이다. 이러한 핵심통제는 일반적으로 계정과목별 경영자 주장을 고려하여 선정되는 것이 필요하며 주의 깊은 사고와 판단을 요구한다.

핵심통제는 재무제표의 왜곡 표시 방지를 위해 반드시 필요한 통제이기에 반드시 매년 설계 및 운영 평가 모두를 진행해야 한다. 비핵심통제의 경우 매년 설계 평가만을 진행하고 운영 평가는 원칙적으로 진행하지 않는 것[26]과 대비된다. 핵심통제가 많을수록 더 철저한 통제가 이루어진다고 말할 수 있겠지만 운영 평가는 평가단계에서도 가장 부담이 많은 작업이기 때문에 핵심통제가 많을수록 회사의 평가부담이 상당히 커진다는 점도 고려해야 할 것이다. 따라서 합리적인 범위에서 발생가능한 위험에 대응하는 통제 중 없어서는 안 될 통제를 핵심통제로 선정하는 것이 중요하다.

'평가 및 보고 가이드라인' 등에 핵심통제의 선정방법에 대하여는 특별히 언급되어 있지 않다. 그 때문에 실무에 있어서는 회사의 구체적 상황

---

26) 만약 회사가 좀 더 리스크 관리를 철저히 하고 싶다면 비핵심통제를 나누어 3~4년에 걸쳐 돌아가면서 운영 평가를 수행하는 것도 하나의 방법이다.

에 맞추어 외부감사인 등과 협의해가면서 전문가의 판단을 통해 선정하게 된다. 다만, 아래와 같은 사항은 합리적인 핵심통제 선정에 도움이 될 것이다.

가) 리스크마다 최소 하나의 핵심통제 선정

재무보고 리스크 1개에 대하여 최소한 1개의 통제를 식별한다면 우선 관리되지 않는 재무보고 리스크가 남는 것을 방지할 수 있다. 그리고 하나의 리스크에 대하여 통제가 하나만 존재한다면 그 통제는 특별한 사정이 없는 한 핵심통제로 선정된다. 물론 리스크의 중요도를 사전에 '높음', '보통', '낮음' 등으로 평가한 다음에 중요도 '높음'의 리스크에 대응하는 통제를 핵심통제로 선정하는 방법도 생각할 수 있다.

나) '강력'한 통제의 선정

동일한 리스크에 대응하는 통제들 중에서 가장 강력한, 통제 목표에 가장 유효한 통제를 핵심통제로 선정한다. 통제실시자 중 보다 상급자에 의해 실시되는 통제가 '강력'한 통제라고 할 수 있고, 앞선 통제에서 실패하더라도 해당 통제로 막아줄 수 있는 역할을 하고 있다거나, 통제의 위치가 보다 재무보고에 가깝다든지 통제시기가 보다 회계 결산일에 가까운 통제가 '강력'한 통제라고 할 수 있다. 예를 들어, 지점 단위 월매출결산 자료 승인보다는 영업본부 월매출결산 승인이 보다 강력한 통제로 핵심통제가 될 것이다.

다) '광범위'한 통제의 선정

보다 많은 재무보고 리스크에 대응하는 통제를 핵심통제로 선정한다. 경영자 주장과 관련된 요건들, 실재성, 완전성, 권리와 의무, 평가, 재무제표 표시와 공시, 발생사실, 측정을 보다 많이 커버할 수 있는 통제가 보다 많은 리스크에 대응할 수 있어 '광범위'한 통제라고 할 수 있다. 예를 들어, 연결 결산 체크리스트에 대한 검토 및 승인 통제는 연결 결산 재무제표 작성과 관련된 모든 계정과 그에 관련된 경영자의 주장을 커버하기에 핵심통제로 선정된다.

이외에도 재무수치에 직결되는 리스크에 대한 통제인가, 통제의 대상이 되는 계정의 금액적 영향이 중요한가, 리스크에 대응하는 유일한 통제인가 등도 핵심 리스크 선정에 있어서 고려해야 할 사항이라고 판단된다. 예를 들어, 법인 매출액의 1%에도 해당하지 않는 비주력 사업부문에 대한 매출 통제보다는 주력 사업부문의 매출 통제가 금액적 영향이 중요하기에 핵심통제로 선정될 것이다.

❸ 전사적 수준 통제기술서에 문서화해야 할 사항

전사적 수준 통제기술서에 문서화해야 할 사항에는 다음과 같은 것들이 있다.

① 리스크(통제위험)

업무 수준 통제에서는 관련 계정과목 및 경영자 주장과 연계하여 개별적이고 구체적인 업무 절차에서 발생 가능한 리스크를 식별하는 반면, 전사적 수준 통제에서는 '설계 및 운영 개념 체계'에서 제시하는 내부회계관리제도의 구성 요소와 원칙을 달성하지 못하는 것을 리스크로 식별하며, 실무적으로는 75가지의 중점 고려사항을 달성하지 못할 리스크를 중심으로 기재한다.

표 3-4 **17개 원칙 75가지 중점 고려사항**

원칙		중점 고려사항
1. 도덕성과 윤리적 가치에 대한 책임	01-01	경영진과 이사회의 의지
	01-02	윤리강령 수립
	01-03	윤리강령 준수 평가
	01-04	윤리강령 위반사항의 적시 처리
2. 내부회계관리제도 감독 책임	02-01	이사회의 감독 책임 정립
	02-02	이사회의 전문성 확보
	02-03	이사회의 독립적 운영
	02-04	내부회계관리제도 감독 수행
3. 조직구조, 권한 및 책임 정립	03-01	조직구조 고려
	03-02	보고체계 수립
	03-03	권한과 책임의 정의, 부여 및 제한
4. 적격성 유지	04-01	정책 및 실무절차 수립
	04-02	적격성 평가 및 보완
	04-03	인력 선발, 육성 및 유지
	04-04	승계계획 및 준비
5. 내부회계관리제도 책임 부여	05-01	조직구조, 권한 및 책임을 통한 내부회계관리제도 책임 부여
	05-02	성과평가 및 보상정책 수립
	05-03	성과평가 및 보상정책과의 연계
	05-04	과도한 압박 고려
	05-05	개인의 성과평가, 보상 또는 징계조치
6. 구체적인 목적 수립	06-01	적합한 회계기준의 준수
	06-02	회사 활동의 실질 반영
	06-03	중요성 고려
7. 위험 식별 및 분석	07-01	회사 내 다양한 조직 수준 고려
	07-02	외부 재무보고에 영향을 미치는 내부 및 외부 요인 분석
	07-03	적절한 수준의 경영진 참여
	07-04	식별된 위험의 중요도 평가
	07-06	위험 대응 방안 결정

원칙	중점 고려사항	
8. 부정위험 평가	08-01	다양한 부정의 유형을 고려
	08-02	유인과 압력의 평가
	08-03	기회 평가
	08-04	태도와 합리화에 대한 평가
9. 중요한 변화의 식별과 분석	09-01	외부 환경 변화의 평가
	09-02	사업모델 변화의 평가
	09-03	리더십 변화의 평가
10. 통제활동의 선택과 구축	10-01	위험평가와의 통합
	10-02	회사의 고유한 요인 고려
	10-03	관련 있는 업무 프로세스 결정
	10-04	통제유형의 조합
	10-05	다양한 수준의 통제활동 적용 고려
	10-06	업무분장 고려
11. 정보기술 일반통제의 선정과 구축	11-01	업무 프로세스에서 사용되는 정보기술과 정보기술 일반통제 간 의존도 결정
	11-02	정보기술 인프라 통제활동 수립
	11-03	보안관리 프로세스에 대한 통제활동 수립
	11-04	정보기술의 취득, 개발 및 유지보수 프로세스에 대한 통제 수립
12. 정책과 절차를 통한 실행	12-01	경영진의 지침 전달을 지원하기 위한 정책 및 절차 수립
	12-02	정책과 절차의 적용을 위한 책임 확립과 담당자의 지정
	12-03	통제활동의 적시 수행
	12-04	개선 조치 이행
	12-05	적격성 있는 담당자의 수행
	12-06	정책, 절차 및 통제활동의 주기적인 재평가
13. 관련 있는 정보의 사용	13-01	정보 요구사항의 식별
	13-02	내부 및 외부의 데이터 원천 포착
	13-03	관련 있는 데이터를 의미 있는 정보로 변환
	13-04	정보 처리 과정에서 품질의 유지·관리
	13-05	비용과 효익 고려
14. 내부 의사소통	14-01	내부회계관리제도 정보에 대한 의사소통
	14-02	경영진과 이사회 간의 의사소통
	14-03	별도의 의사소통 라인 제공
	14-04	적절한 의사소통 방식 선택
15. 외부 의사소통	15-01	외부 관계자와의 의사소통
	15-02	외부로부터의 의사소통
	15-03	이사회와의 의사소통
	15-04	별도의 의사소통 라인 제공
	15-05	적절한 의사소통 방법 선택

원칙	중점 고려사항	
16. 상시적인 모니터링과 독립적인 평가 수행	16-01	상시적인 모니터링과 독립적인 평가의 결합 고려
	16-02	변화의 정도 고려
	16-03	출발점(Baseline)의 설정
	16-04	충분한 지식을 갖춘 인력 활용
	16-05	업무 프로세스와의 통합
	16-06	범위와 빈도 조정
	16-07	객관적인 평가
17. 미비점 평가와 개선활동	17-01	결과 평가
	17-02	미비점 의사소통
	17-03	개선활동에 대한 모니터링 활동

② 통제활동

식별된 리스크에 대응하여 회사에서 운영 중인 전사적 수준의 통제 활동을 기재한다.

표 3-5 **전사적 수준 통제 구축 예시**

원칙	중점 고려사항	Risk	Risk 명	Risk 설명	통제 번호	통제 활동명	통제활동 설명
1. 도덕성과 윤리적 가치에 대한 책임	01-01 경영진과 이사회의 의지	ELC. R01	윤리 경영 환경 미조성	윤리경영과 관련된 회사의 경영철학이 임직원들에게 공유되지 않아 임직원들의 부정 위험이 증대되고 이로 인해 재무정보가 왜곡될 위험	ELC. C01	행동 강령 제정 및 운영	1. 회사는 윤리경영을 실천하고 도덕성과 윤리적 가치의 중요성을 강조하기 위해, 행동 강령을 수립하고 운영한다. 또한, 임직원이 상시 윤리강령을 활용할 수 있도록 회사의 웹사이트에 게시한다. 또한 공정한 직무 수행을 위해 회계부서를 포함한 회사의 재무 보고 과정에서 발생할 수 있는 문제를 방지할 수 있는 행동강령(원칙 및 실천사항)을 제공하고 있다. 2. 회사는 임직원이 행동강령 미준수 시 초래되는 결과를 숙지할 수 있도록 규정(행동강령)을 회사의 웹사이트에 게시한다.
	01-02 윤리 강령 수립	ELC. R01	윤리 경영 환경 미조성	윤리경영과 관련된 회사의 경영철학이 임직원들에게 공유되지 않아 임직원들의 부정 위험이 증대되고 이로 인해 재무정보가 왜곡될 위험	ELC. C01	행동 강령 제정 및 운영	1. 회사는 윤리경영을 실천하고 도덕성과 윤리적 가치의 중요성을 강조하기 위해, 행동 강령을 수립하고 운영한다. 또한, 임직원이 상시 윤리강령을 활용할 수 있도록 회사의 웹사이트에 게시한다. 또한 공정한 직무 수행을 위해 회계부서를 포함한 회사의 재무 보고 과정에서 발생할 수 있는 문제를 방지할 수 있는 행동강령(원칙 및 실천사항)을 제공하고 있다. 2. 회사는 임직원이 행동강령 미준수 시 초래되는 결과를 숙지할 수 있도록 규정(행동강령)을 회사의 웹사이트에 게시한다.

③ 다음의 항목들은 업무 수준 통제와 동일하다.

- 통제유형: 예방통제와 적발통제(Preventive/Detective)

- 통제유형: 자동통제와 수동통제(Automated/Manual)

- 수행빈도

- 관련된 정책 및 절차

- 출발점(Baseline)

- 통제운영책임자(Control Owner)

- 모집단의 정의 및 확보 절차, 테스트 절차

업무 수준 통제와 달리 전사적 수준 통제는 일련의 업무 프로세스에서 식별되는 핵심통제 개념이 적합하지 않아 별도의 핵심통제 선별 작업을 거치지 않고, 설계된 모든 통제가 운영되고 평가되는 것이 일반적이다.

❹ 정보기술 일반통제[27] 통제기술서에 문서화해야 할 사항

정보기술 일반통제 통제기술서에 문서화해야 할 사항에는 다음과 같은 것들이 있다.

① IT 프로세스

정보기술 일반통제에 보편적으로 적용되는 프로세스를 기재한다.

예) 계정 관리, 비밀번호 관리, 프로그램 변경 관리, 데이터 변경 관리 등

---

27) IT통제에 관한 전반적인 내용은 제6장을 참고한다.

② 리스크(통제위험)

식별된 프로세스별로 정보기술 일반통제의 목표 달성을 저해할 수 있는 리스크 내용을 기재한다.

예) 계정 관리 – 권한 없는 자의 접근 위험, 권한의 오남용

비밀번호 관리 – 비밀번호 유출, 비밀번호 공유

프로그램 변경 관리 – 임의의 프로그램 변경을 통한 시스템 왜곡

데이터 변경 관리 – 승인되지 않은 데이터 변경으로 인한 재무제표 왜곡

③ 통제활동

식별된 리스크에 대해 대응되는 통제활동을 기재한다.

④ 통제의 속성

기술된 통제활동의 핵심적인 속성을 살펴보고 승인, 대조, 물리적 보안, 접근통제 등으로 유형화하여 기재한다.

⑤ 다음의 항목들은 업무 수준 통제와 동일하다.

- 통제유형: 예방통제와 적발통제(Preventive/Detective)
- 통제유형: 자동통제와 수동통제(Automated/Manual)
- 수행빈도
- 관련된 정책 및 절차
- 출발점(Baseline)
- 통제운영책임자(Control Owner)
- 모집단의 정의 및 확보 절차, 모집단 완전성 검토 방법, 테스트 절차

제4장

설계 및 운영의 평가

회사는 마치 생명체와 같이 끊임없이 변해간다. 사업, 조직, 인력, 업무방식, 시스템 등 모든 면에서 크고 작은 변화를 겪게 된다. 회사가 아무리 처음에 내부통제를 잘 만들었어도 이를 지속적으로 평가하고 개선하지 않으면 효과적으로 리스크를 방지하지 못하게 되는 것은 자명하다고 할 것이다.

내부통제의 평가는 두 가지 측면에서 이루어지는데, 첫째 리스크를 예방하기 위해 그 통제 장치가 효과적으로 만들어졌는지를 평가하는 '설계평가'이고, 둘째 실제 만들어진 통제 장치가 제대로 운영되고 있는지를 평가하는 '운영평가'이다.

이 두 개 평가의 어프로치는 사뭇 다르다. 설계평가는 프로세스마다 1개의 거래를 샘플로 선정하여 거래의 시작부터 끝까지 그 거래에 관련된 통제를 모두 평가하는 '종(縱)적' 어프로치이다. 1개의 거래를 기준으로 프로세스의 전 과정에 설치되어 있는 통제를 평가하면서 개선해야 할 통제는 없는지, 새로 설계할 통제는 없는지, 필요 없는 통제는 없는지 살피는 것이다.

한편, 운영평가는 다수의 거래(물론 거래가 대상기간 중 한 번뿐인 경우도 있다)에 대해 특정 단계의 통제가 수행한 활동을 추출하여 평가하는 '횡(橫)적'인 어프로치이다. 다수의 거래에서 당해 통제를 통한 리스크 관리가 실제 설계한 의도대로 이루어지고 있는지를 확인하는 것이다. 따라서 운영평가에 있어서는 표본 추출을 위한 모집단 확보와 적정한 샘플링이 매우 중요한 작업이 된다. 결국, 설계평가는 '하나의 거래'가 중심인 평가이고, 운영평가는 '하나의 통제'가 중심인 평가라고 할 수 있다.

01

개요

지금까지 우리는 범위 선정 절차에 따라 내부회계관리제도 평가의 대상이 되는 중요한 계정과목과 주석, 이와 관련된 핵심 사업 단위와 업무 프로세스를 선정하였고, 문서화 절차에 따라 각 업무 프로세스의 수행 과정에서 발생 가능한 리스크와 해당 리스크를 저감시키기 위해 필요한 통제활동을 식별하고, 그 결과를 내부회계관리제도 설계 3종 문서(업무기술서, 업무흐름도, 통제기술서)로 정리해 보았다.

이렇게 식별된 통제가 지속적이고 효과적으로 작동할 수 있게 하려면 주기적으로 설계를 점검하고 제대로 운영되고 있는지 확인하여야 한다. 이러한 확인 과정을 내부회계관리제도에서는 '평가'절차라고 부른다. 평가는 내부회계관리제도 체계 내에서 필수적으로 요구되는 사항이며, '평가 및 보고 기준'에 따라 수행되어야 한다. 이제부터 내부회계관리제도가 연간 단위로 어떤 평가 절차를 수행하는지 살펴보고, 이러한 평가 절차를 통해 재무보고와 관련된 내부통제가 연중 효과적으로 작동하고 있다는 확신을 얻을 수 있는지 확인해 보자.

① 평가의 종류

내부회계관리제도의 평가는 크게 설계 평가와 운영 평가로 나뉜다.

설계 평가는 회사의 내부회계관리제도가 재무제표의 중요한 왜곡 표시를 초래할 수 있는 오류나 부정을 예방하고 적시에 적발할 수 있도록 효과적으로 설계되었는지 여부를 판단하기 위해 실시하는 평가를 의미한다.

내부회계관리제도 최초 구축 시 설계가 잘 되어 있더라도 설계가 효과적으로 되어 있는지 매년 재검토가 필요한 이유는 회사의 경영이라는 것이 고정되어 있는 것이 아니기 때문이다. 새로운 사업에 진출하여 처음으로 수행하는 업무가 발생하거나, 새로운 IT 시스템을 도입하여 업무 수행 절차가 바뀔 수도 있다. 회계 제도, 금융 제도를 포함하여 회계 처리 및 경영 관리에 영향을 미칠 수 있는 법령이나 제도상 다양한 변화가 있을 수도 있다. 기존의 업무 프로세스도 여러 가지 경영상의 필요에 의해 변경이 될 수 있다. 이처럼 경영 활동상의 다양한 변화를 파악하여 기존에 설계된 통제에 추가, 수정 또는 삭제가 필요한 사항은 없는지 두루 살피는 것이 설계 평가의 의미이다.

이렇게 설계 평가를 통해 한 해 동안 운영할 통제활동을 확정하고 나면 회사의 내부회계관리제도가 설계된 대로 운영되고 있는지를 판단하기 위해 운영의 효과성을 평가하는데 이를 운영 평가라 한다. 예컨대 비용 전표의 처리는 전결권의 승인을 받아야 한다는 내부통제가 설계되어 있다면, 평가 기간 내에 발생한 비용 전표가 금액별로 전결규정에 따른 적절한 직책자의 승인을 받아 처리되어 실제 통제가 작동하고 있다고 결론을 내릴 수 있는지를 확인하는 것이 운영 평가이다.

❷ 평가의 시기 및 기말 운영 평가의 간소화

연간 내부회계관리제도 평가는 5월~6월경에 설계 평가를 시행하고, 8월~9월경 중간 운영 평가, 12월과 차년도 1월에 걸쳐 기말 운영 평가를 시행하는 것이 일반적이다.

회사에 따라서는 최대한 결산기 말일에 가깝게 운영 평가를 수행하고 잔여기간에 대해서는 Roll-Forward 평가[28]만을 수행하는 것도 가능하다. Roll-Forward 평가는 잔여기간에 대해서 중요한 변화사항이 존재하는지, 해당 변화관리가 적절히 이뤄졌는지를 평가한다.

만약 내부회계관리제도의 변화관리체계가 효과적이고 다음 요건이 충족되는 경우에는 기말 운영 평가 시 모든 통제 증빙을 직접 확인하지 않고 통제책임자 인터뷰 등 간소화된 평가 절차를 사용하여도 평가기준일[29] 현재 통제 효과성에 대한 합리적인 확신을 얻을 수 있다. ['평가 및 보고 가이드라인' 문단46]

① 중간 운영 평가 시 테스트된 통제의 위험평가 결과가 높지 않고 경영진이 통제를 무시할 가능성이 높지 않음

---

28) Roll-Forward 평가란 중간 운영 평가와 기말 운영 평가를 동일한 방법으로 각각 시행하고 최종적으로는 기말 운영 평가의 결과를 보다 중시하는 일반적인 평가 방법과 달리 중간 운영 평가 시 주요 통제 평가를 완료하고 잔여기간에 대해 필요 최소한의 보완 평가를 통해 중간 운영 평가 결과를 확인하는 수준의 평가를 실시하는 평가 방법을 말한다.

29) 내부회계관리제도가 효과적으로 설계되고 운영되고 있다는 평가 결론을 내리는 기준 시점을 의미하며, 일반적으로 재무제표가 1년 단위로 회사의 경영 성과를 표시하기에 재무보고의 신뢰성을 입증하는 회사의 내부회계관리제도의 유효성도 회계연도인 1년 전체를 대상으로 입증해야 한다. 따라서 평가기준일은 결산기말일이 되어야 하므로 12월 결산을 시행하는 대부분의 회사는 12월 31일이 기준일이 된다. 평가기준일이 12월 31일이라는 것은 평가를 12월 31일에 수행하라는 의미가 아니다. '운영실태 보고기준일'이라고 생각하는 것이 더 이해하기 쉽다.

② 재무보고에 전반적인 영향을 미치는 통제가 아니며 기말 재무보고 관련 통제나 정보기술 일반통제에 해당하지 않음

③ 중간 운영 평가 시 해당 통제의 운영이 효과적으로 운영되었음을 확인함

④ 중간 운영 평가일 이후 해당 통제의 설계에 중요한 변경이 없음

⑤ 중간 운영 평가일 이후 해당 통제의 운영 효과성에 영향을 미칠 만한 다른 통제의 효과성이나 환경적 위험요인에 큰 변화가 없음

다만, 실무상 회사가 Roll-Forward 방식을 활용하고 싶어도 외부감사인과 평가 기간이 달라진다면 실제 활용은 어려울 가능성이 높다. 외부감사인의 평가 기간이 회사와 차이가 나게 되면 관련 업무부서는 같은 평가 절차를 두세번씩 하게 되는 부담이 있기에 계획 단계에서 외부감사인과 사전에 협의하여 가급적 평가 시기를 최대한 맞추는 것이 좋다.

❸ 문서화와 설계 평가의 관계

앞서 제3장에서 다룬 문서화 작업에서 리스크가 식별되고 이에 대한 통제가 파악되며 필요한 경우 수정·보완 등이 이루어진다. 때문에 문서화와 별도로 진행되는 설계 평가는 무엇이 다른지 궁금증이 생길 수 있다.

만일 이상적으로 내부통제가 이루어진다면 회사의 경영상 중요한 변화 사항이 발생하는 경우 그 즉시 관련 업무부서는 관련된 리스크와 통제 활동을 식별하고, 내부회계관리 전담부서와 협력하여 이를 업무 프로세스, 업무흐름도, 통제기술서 등에 업데이트하여 반영하고, 실무에 적용

하게 될 것이다. 변화 사항은 연중 언제든지 발생할 수 있기 때문에 문서화의 업데이트 또한 연중 언제든 일어날 수 있다. 이러한 절차가 원활하고 완벽하게 이루어진다면 설계 평가 시 수행해야 할 업무는 누락된 변화 사항의 추가 점검 외에 사실상 거의 없다고 볼 수 있다.

하지만 실무의 현실은 그렇지 않다. 설계 평가를 실시하는 시점까지 미처 반영되지 않은 변화 사항들과 그에 따른 내부통제 보완의 필요성이 발견되는 경우가 적지 않다. 또한 인사 이동 등에 따라 담당자가 변경될 경우 업무 인수인계의 불비로 인해 정해진 내부통제 절차를 따르지 않고 업무를 수행하는 경우도 있을 수 있다.

따라서 매년 초 정해진 시기에 집중적인 설계 평가를 실시하여 ① 누락된 변화관리 사항이 없는지 확인하고, ② 필요한 통제를 설계하여 업데이트가 필요한 문서화를 수행하며, ③ 각 관련 업무부서에서 수행 중인 통제 활동에 대한 연중 운영의 필요성을 상기시키는 효과를 얻을 수 있다.

결론적으로 내부통제의 설계 보완 및 문서화는 연중 어느 때든 가능한 일이지만, 내부회계관리 전담부서의 주관 하에 적정 시기에 이를 집중적으로 점검 및 보완하는 것이 설계 평가라 할 수 있다.

02 설계 평가 실무

① 개요

설계 평가의 주체로는 크게 '별도 재무제표 기준'으로 내부회계관리 전담부서와 통제운영부서가 있고, '연결 재무제표 기준'으로는 지배회사와 종속회사로 나눠볼 수 있다. 각 주체별 설계 평가 단계 주요 R&R은 아래와 같다.

모든 실무상 내용을 기재하면 좋겠지만, 이 절에서는 가장 중요한 '별도 재무제표 기준'의 내부회계관리 전담부서의 실무에 집중하여 다루도록 하겠다.

표 4-1 **(별도 재무제표 기준) 설계 평가 단계 R&R**

구 분	내부회계관리 전담부서	통제운영부서
설계 평가	• 점검 일정 총괄 • 설계의 효과성 점검 • 변화관리 수행 • 미비점 개선조치 및 모니터링 • 결과 취합 및 보고	• 통제 설계 및 적용 • 설계 평가 관련 자료 제출 • 변화관리 보고 • 미비점 개선계획 보고 및 수정 • 미비점 조치 완료 보고

표 4-2 **(연결 재무제표 기준) 설계 평가 단계 R&R**

구 분	지배회사	종속회사
최초 구축 시	• 지배회사에서 연결 재무제표 기준 Scoping을 진행	• 지배회사 Scoping 결과에 따라 종속 회사 통제 구축 범위를 참고하여 내부 통제 구축 및 문서화(추적조사 실시)

최초
구축 후
	• 점검 일정 총괄
	• 설계의 효과성 점검
	• 변화관리 수행
	• 미비점 개선조치 및 모니터링
	• 결과 취합 및 보고
		• 종속회사 점검 일정 관리
		• 종속회사의 설계 효과성 점검
		• 변화관리 및 설계 평가 결과 검토
		• 내부통제 미비점 평가 및 개선계획
		  검토
		• 지배회사 내부회계관리 전담부서에
		  점검결과 및 개선계획 보고

❷ 평가 계획 수립

회사는 연초에 설계 평가를 수행하여 전년과 대비하여 통제 설계에 변화가 없는지 확인하는 것이 좋다. 일부 비상장 회사들의 경우 제도를 형식적으로 운영하면서 기말에 운영 평가와 동시에 설계 평가를 수행하는 경우가 있다. 이 경우 변화된 통제가 효과적으로 설계되지 않았을 때 미비점을 치유할 시간이 없기 때문에 연중 상당한 수준의 변화관리 활동을 실시할 수 없다면 기말에 운영 평가와 동시에 설계 평가를 진행하는 것은 바람직하지 않다.

연결 재무제표 기준 내부회계관리제도 감사를 받는 상장회사의 경우 평가 보고 범위 내 종속회사의 설계 평가도 함께 수행되어야 하므로 연초에 계획 일정을 수립 및 배포하도록 한다.

❸ 설계 평가 방법

가) 개요

통제활동 설계의 효과성을 평가하기 위하여 추적조사, 관찰, 문서검사, 재수행과 같은 방법을 사용할 수 있으며, 평가자는 단독 또는 여러 방법을 조합하여 적용함으로써 내부회계관리제도 설계의 효과성에 대한 합리적인 확신을 얻을 수 있다.

설계 평가는 변화관리체계로 대체할 수 있으므로 회사는 매년 설계 평가를 반드시 진행할 필요는 없다. 다만, 변화관리가 효과적이지 않다거나 통제운영의 중요성 환기 차원 등 회사의 필요에 따라 매년 설계 평가를 수행할 수도 있다.

설계 평가는 통제의 설계(Design)와 이용(Implementation)을 함께 확인하는 것을 의미한다. 즉, 해당 통제가 중대한 왜곡표시 가능성을 효과적으로 예방 또는 적발할 수 있는지 평가하고, 해당 통제가 실제로 존재하고 그 통제를 사용하고 있는지 확인해야 한다.

통제기술서나 업무기술서상에는 통제가 문서화되어 있으나, 인수인계 누락 또는 조직 변경 등 다양한 사유로 해당 통제가 작동하지 않거나 사라질 수 있다.

표 4-3 Design and Implementation(D&I) 예시

설계(Design)	시스템 변경 권한을 적격한 담당자에게만 부여하여 마스터 DATA가 왜곡될 위험을 줄인다.
이용(Implementation)	시스템 변경 권한자 리스트를 입수하여 IS팀 담당자만 마스터 DATA에 접근할 수 있음을 확인하였다.

나) 추적조사(Walk-Through) 평가 방법이 필요한 경우

(1) 의미

설계 평가 방법 중 대표적인 것은 추적조사이다. 추적조사는 관찰, 문서 검사, 재수행과 같은 다른 설계 평가 방법보다 복잡하기에 별도 문단으로 설명하고자 한다. 추적조사란 하나의 프로세스를 발생 시점으로부터 기업의 재무기록에 반영되는 시점까지 모든 단계를 추적하여 통제설계를 평가하는 것을 뜻한다. 프로세스 진행 흐름을 연속적으로 완전성 있게 확인하기 위하여 보통 1건의 거래를 샘플로 선정하여 시작부터 끝까지 추적조사한다.

(2) 수행주기

매년 추적조사를 실행하는 것은 비효율적이므로 최초 설계 또는 통제에 중요한 변화가 있는 경우에만 실시하는 것을 권고한다.[30] 또한 전체 프로세스에 대하여 수행할 필요는 없으며 핵심통제(Key Control)를 포함

---

30) '평가 및 보고 가이드라인' 문단40에서는 '최초 설계 평가 시에는 복잡하고 유의한 프로세스는 추적조사를 적용하고'라고 규정하고 있고, 문단41에서는 '회사는 일반적으로 변화 관리체계를 통해 중요한 변경이 존재하는 경우 추적조사를 수행하고, 그렇지 않은 경우에는 다른 방법을 적용하여 통제 설계의 적정성을 확인하고 관련 절차를 문서화한다.'고 규정하고 있다.

하고 있는 프로세스에 한하여 실시하여도 충분하다.[31]

(3) 수행방법

추적조사는 질문, 관찰 및 관련 문서의 검증 등 다양한 방법을 복합적으로 사용하여 진행한다. 다만, 질문의 방법을 적용하는 경우에는 하나 이상의 다른 평가 방법을 같이 사용하여야 한다.

또한, 추적조사의 경우 프로세스와 관련된 복수의 담당자들에 대해서 동시에 실시되는 경우가 많기 때문에 각 담당자별로 평가 방법이나 제출 자료 품질의 차이가 클 수 있다. 따라서 추적조사 시행 전에 가이드라인을 만들어 관련 업무부서에 설명하도록 한다.

각 단계별 수행 방법 및 유의사항은 다음과 같다.

첫 번째, 우선 통제기술서(RCM), 업무기술서 등 내부회계관리제도 문서에서 하위 프로세스별 담당자, 관련 문서, 이용 시스템 등을 확인하여 인터뷰 계획을 수립한다.

두 번째, 계획을 수립하였으면 인터뷰를 진행한다. 인터뷰 진행 시에는 인터뷰 담당자가 해당 프로세스를 정확하게 이해하고 있는지 확인하기 위해서 구체적으로 다양한 질문을 해야 한다. 인터뷰를 통해서 통제항목을 포함한 프로세스의 처음부터 끝까지 확인하도록 하며, 업무 활동

---

31) 다만, 외부감사인의 경우 실무적으로 매년 추적조사를 시행하기 때문에 관련 업무 통제운영부서 담당자의 입장에서는 실무상 평가 부담이 크게 줄어들지 않는다고 생각할 수 있다. 회사의 설계 평가 시 필요한 증빙 서류가 추적조사에 필요한 증빙과 중복되는 경우가 일반적이므로 적어도 회사와 외부감사인의 평가 시기를 사전에 조율하여 일치시키면 부담이 조금이라도 줄어들 수 있다.

(Activity)과 통제 활동(Control)을 구분하여 모두 문서화하면서 입증가능한 증빙을 수취하도록 한다. 업무 활동과 통제 활동에 대한 증빙은 1건의 거래를 샘플링하여 프로세스 전체의 흐름을 확인할 수 있어야 한다. 가령, 구매처 생성에 관한 증빙을 수취할 때 A 구매처 생성 품의를 수취하였다면, 전산 시스템상 구매처 생성 내역 확인 시에도 A 구매처에 대한 내역을 확인하여 하나의 거래에 대해 이루어진 각 단계의 업무 절차를 연속적으로 파악한다.

세 번째, 인터뷰 내용에 대한 문서화를 진행한다. 인터뷰 내용과 수취한 증빙은 Process Walk-Through Test 조서로 문서화 한다. 작성된 문서는 통제운영 담당자와 통제운영 책임자에게 Draft 파일을 제공하여 정확성을 다시 한번 확인하도록 한다.

마지막으로 추적조사를 통해 확인된 통제의 변경사항 등은 통제기술서, 업무기술서에 반영하도록 한다.

④ 평가 문서화

설계 평가 결과에 대한 문서화는 적절한 증거를 포함하여 설계의 효과성을 입증할 수 있어야 하며, 제3자(감사위원회, 외부감사인 등)가 명확히 이해할 수 있는 수준이어야 한다.

결과에 대한 문서화는 아래와 같은 정보를 포함하여 기록하도록 한다.

- 평가절차의 실시자
- 평가의 실시일

- 평가절차의 종류 및 내용

- 확인된 문서명, 인터뷰의 대상자 및 부서명

- 평가의 결과

- 평가 대상으로 된 통제항목의 유효성에 관한 결론

설계 평가 결과는 문서화하여 내부회계관리 평가 시스템에 업로드하거나, 평가 시스템이 없는 경우 전자결재 문서를 활용하여 기록한다. 이는 평가결과의 보존 및 관리를 위해서이다.

그림 4-1 Process Walk-Through Test 조서 예시

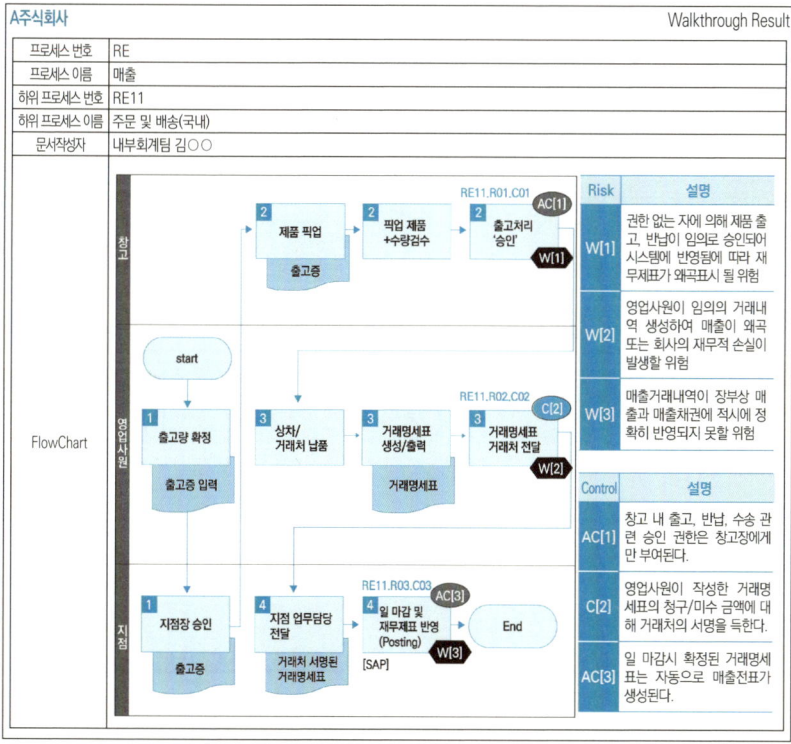

Process Walkthrough					
Interview 요청부서/담당자	강남지점 홍길동				
번호	Flow(Optional)	업무기술(Description)	수행부서	확인서류	시스템 화면캡쳐, 전표 및 품의 등 기술내역 확인가능 서류

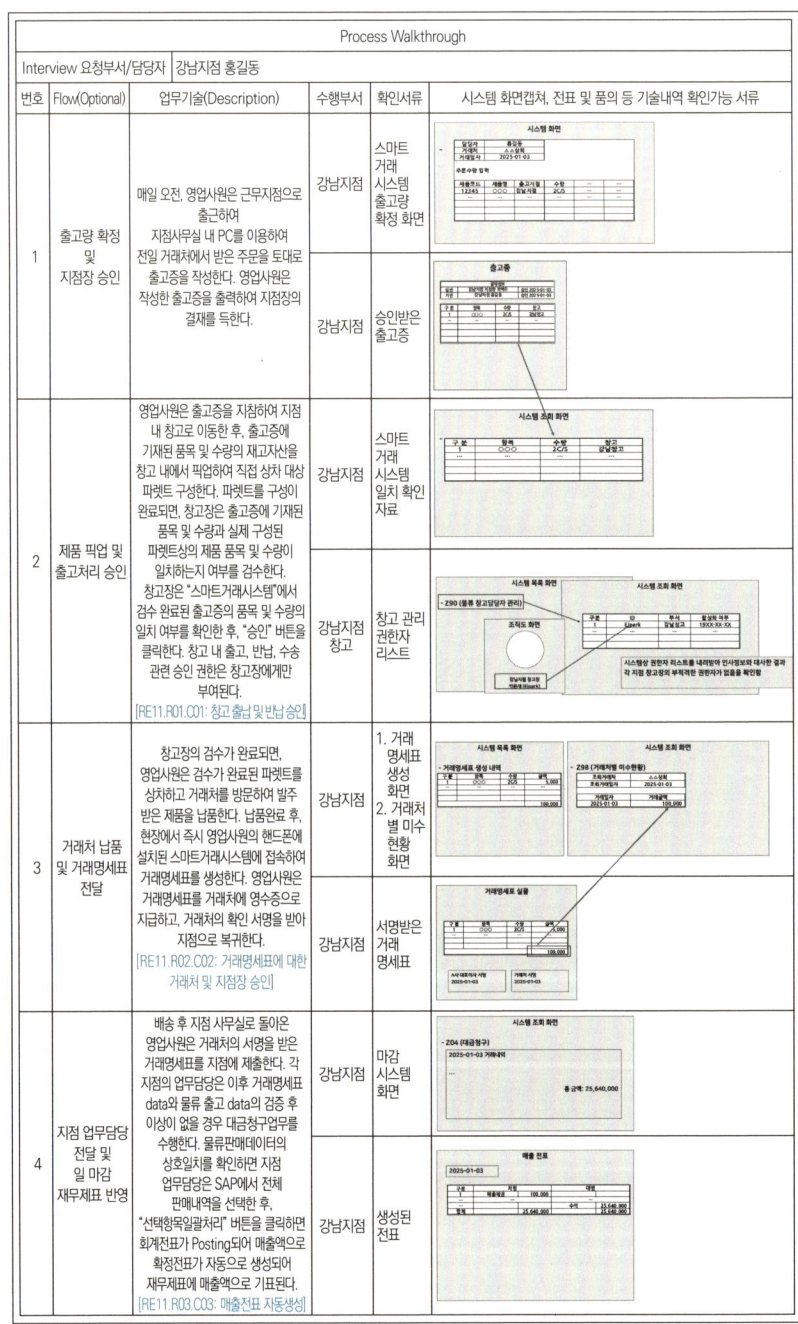

번호	Flow(Optional)	업무기술(Description)	수행부서	확인서류	시스템 화면캡쳐, 전표 및 품의 등 기술내역 확인가능 서류
1	출고량 확정 및 지점장 승인	매일 오전, 영업사원은 근무지점으로 출근하여 지점사무실 내 PC를 이용하여 전일 거래처에서 받은 주문을 토대로 출고증을 작성한다. 영업사원은 작성한 출고증을 출력하여 지점장의 결재를 득한다.	강남지점	스마트 거래 시스템 출고량 확정 화면	
			강남지점	승인받은 출고증	
2	제품 픽업 및 출고처리 승인	영업사원은 출고증을 지참하여 지점 내 창고로 이동한 후, 출고증에 기재된 품목 및 수량의 재고자산을 창고 내에서 픽업하여 직접 상차 대상 파렛트 구성한다. 파렛트를 구성이 완료되면, 창고장은 출고증에 기재된 품목 및 수량과 실제 구성된 파렛트상의 제품 품목 및 수량이 일치하는지 여부를 검수한다. 창고장은 "스마트거래시스템"에서 검수 완료된 출고증의 품목 및 수량의 일치 여부를 확인한 후, "승인" 버튼을 클릭한다. 창고 내 출고, 반납, 수송 관련 승인 권한은 창고장에게만 부여된다. [RE11.R01.C01: 창고 출납 및 반납 승인]	강남지점	스마트 거래 시스템 일치 확인 자료	
			강남지점 창고	창고 관리 권한자 리스트	
3	거래처 납품 및 거래명세표 전달	창고장의 검수가 완료되면, 영업사원은 검수가 완료된 파렛트를 상차하고 거래처를 방문하여 발주 받은 제품을 납품한다. 납품완료 후, 현장에서 즉시 영업사원의 핸드폰에 설치된 스마트거래시스템에 접속하여 거래명세표를 생성한다. 영업사원은 거래명세표를 거래처에 영수증으로 지급하고, 거래처의 확인 서명을 받아 지점으로 복귀한다. [RE11.R02.C02: 거래명세표에 대한 거래처 및 지점장 승인]	강남지점	1. 거래 명세표 생성 화면 2. 거래처별 미수 현황 화면	
			강남지점	서명받은 거래 명세표	
4	지점 업무담당 전달 및 일 마감 재무제표 반영	배송 후 지점 사무실로 돌아온 영업사원은 거래처의 서명을 받은 거래명세표를 지점에 제출한다. 각 지점의 업무담당은 이후 거래명세표 data와 물류 출고 data의 검증 이상이 없을 경우 대금청구업무를 수행한다. 물류판매데이터의 상호일치를 확인하면 지점 업무담당은 SAP에서 전체 판매내역을 선택한 후, "선택항목일괄처리" 버튼을 클릭하면 회계전표가 Posting되어 매출액으로 확정전표가 자동으로 생성되어 재무제표에 매출액으로 기표된다. [RE11.R03.C03: 매출전표 자동생성]	강남지점	마감 시스템 화면	
			강남지점	생성된 전표	

⑤ 결과 보고

설계 평가 결과 보고는 경영진이 내부회계관리제도 설계에 대한 의사결정을 하는 데 중요한 원천이 된다. 따라서 정확하고 객관적이며 명확해야 한다. 또한 건설적이며 의미 있는 내용을 담아서 회사의 통제가 개선될 수 있는 기회를 제공해야 한다.

설계 평가 결과는 수립된 계획을 준수하여 경영진, 감사(위원회) 및 지배회사에 보고하도록 한다. 설계 평가의 결과에 대한 최종 승인은 대표이사 및 내부회계관리자가 한다.

03

운영 평가 실무

1 개요

제2절과 평가 주체의 변동은 없다. 운영 평가의 주체로는 크게 '별도 재무제표 기준'으로 내부회계관리 전담부서와 통제운영부서가 있고, '연결 재무제표 기준'으로는 지배회사와 종속회사로 나눠볼 수 있다. 각 주체별 운영 평가 단계 주요 R&R은 아래와 같다.

이 절에서도 가장 중요한 '별도 재무제표 기준'의 내부회계관리 전담부서의 실무에 집중하여 다루도록 하겠다.

표 4-4 **(별도 재무제표 기준) 운영 평가 단계 R&R**

구 분	내부회계관리 전담부서	통제운영부서
평가계획	• 운영평가 일정 수립 및 총괄 • 모집단 확보 및 샘플링 등 평가준비	• 내부회계관리 전담부서가 수립한 평가계획 준수
운영평가	• 통제운영의 효과성 점검 • 미비점 적발 및 위험평가	• 내부회계관리 전담부서에 운영평가 관련 자료 제출 및 협조
결과보고	• 평가결과 취합 및 보고	• 해당 없음

표 4-5 (연결 재무제표 기준) 운영 평가 단계 R&R

구 분	지배회사	종속회사
평가계획	• 지배회사 및 종속회사 운영평가계획 및 일정 수립	• 지배회사의 평가계획 및 일정에 따라 종속회사의 평가일정 수립
운영평가	• 통제운영의 효과성 점검 • 미비점 적발 및 위험평가	• 종속회사 점검일정 관리 • 종속회사의 운영 효과성 점검 • 운영평가 결과 검토 • 미비점 적발 및 위험평가
결과보고	• 종속회사 운영평가 결과 취합 및 검토 • 내부회계관리자 보고 및 승인 • 경영진 및 감사(위원회) 보고	• 내부회계관리자 검토 및 승인 후 지배회사 보고 • 종속회사 경영진 및 감사(위원회) 보고

❷ 평가 계획 수립

가) 일반

운영 평가는 일반적으로 중간, 기말 2회에 걸쳐 수행한다. 다만, 위에서도 이야기하였지만 일부 비상장 회사들의 경우 제도를 형식적으로 운영하면서 평가기준일에 근접하여 운영 평가를 1회 수행하는 경우가 있다. 이 경우 평가과정에서 식별된 미비점을 치유할 시간이 없기 때문에 되도록 중간, 기말 운영 평가를 나누어 수행하도록 한다.

연결 재무제표 기준 내부회계관리제도 감사를 받는 상장회사의 경우 평가 보고 범위 내 종속회사의 운영평가도 함께 수행되어야 하므로 연초에 계획 일정을 수립 및 배포하도록 한다.

나) 외부감사인과 사전 회의

내부회계관리제도에 대한 감사를 받는 회사의 경우, 평가 범위 및 일정을 외부감사인과 사전에 협의하는 것이 적절하다고 생각한다.

(1) 평가범위

회사와 감사인의 평가 범위를 비교 대사 하도록 한다. 선정된 핵심통제(Key Control)가 서로 다른 경우, 다른 것만으로 미비점으로 분류되지는 않는다.

하지만 감사인이 핵심통제로 선정하여 평가한 통제 항목을 회사가 관리 및 평가하지 않을 경우, 관련 통제가 부실하게 운영되어 최종 평가 결과에 부정적인 영향을 미칠 위험이 있어 주의하도록 한다.

(2) 평가일정

회사와 외부감사인은 각자 독립적으로 운영 평가를 실시하는 것이 원칙이다. 따라서 운영 평가 일정을 반드시 일치시켜 진행할 것을 요구하지는 않는다.

다만 회사와 외부감사인의 운영 평가 일정을 일치시키는 것은 유사한 평가절차에 응대하여야 하는 관련 업무부서의 평가 부담을 줄일 수 있는 효과적인 방법이다.

다) 평가시기

평가시기는 계획단계에서 수립된 일정에 따른다. 일반적으로 운영 평가는 아래와 같이 중간 운영 평가와 기말 운영 평가로 나누어 실시한다.

(1) 중간 운영 평가

재무제표에 기록된 거래는 회계기간 중 지속적으로 발생하기 때문에 충분한 기간을 대상으로 평가를 수행하여야 한다. 특히, 평가기준일과 가까운 시기는 반드시 평가 대상기간으로 포함되어야 한다. 그러나 평가기준일과 가까운 시기에 모든 평가 절차를 실시하는 것은 불가능하므로 당해 평가 대상기간의 중간에 평가를 실시하고 기중에 평가된 중요한 통제 중 평가 실시 이후 변경된 부분은 없는지, 기말 현재에도 여전히 효과적인지 등을 확인하는 평가 절차가 효율적일 수 있다.

또한, 기중에 식별된 내부회계관리제도 상의 미비점(또는 취약점)을 개선하고 평가기준일 현재까지 충분한 기간 동안 통제의 설계와 운영이 적정하게 되었다는 점을 확인한 경우에는 비록 중간 운영 평가 때는 미비점이 있었더라도 연간 기준 최종적인 내부회계관리제도 평가는 적정하다고 결론 내릴 수 있다. 이에 회사는 중간 운영 평가를 통해 미비점(취약점)을 조기에 확인하고 개선하는 것이 일반적이다. ['평가 및 보고 가이드라인' 문단35]

(2) 기말 운영 평가

기말 운영 평가란 중간 운영 평가의 결론이 평가기준일 현재에도 여전히 유효한지를 확인하기 위해 중간 운영 평가일부터 평가기준일까지의 기간에 대해 추가적인 평가를 실시하는 것을 말한다.

③ 운영 평가 방법

가) 평가수행자

평가수행자를 선정하는 방식은 회사마다 다를 수 있다. 다만, 평가 대상 통제로부터 독립된 위치에 있는 자를 평가자로 지정하여 수행하는 것을 원칙으로 한다.

특히, 회사 사정상 불가피하게 핵심통제를 독립성이 부족한 인원이 평가할 경우에는 보완책을 마련해야 한다. 아무리 불가피한 경우라도 통제운영자의 자가평가에만 의존한 평가 완료는 허용하지 않는다.

설계 평가에서도 독립적 위치에 있는 자를 평가자로 지정하는 것은 중요하다. 다만, 회사가 변화관리 등을 통해 설계 평가를 수행하는 경우도 있기에 운영 평가 실무에서 다룬다.

표 4-6 내부회계관리제도 모범규준 등 적용 FAQ 30 (2022.2.7.)

평가자 구분	독립성 수준	평가유형	평가가능 여부	
			핵심통제	비핵심통제
통제운영자	매우 낮음	자가평가	불가	가능
통제운영자와 동일한 부서인원	낮음	자가평가	보완조치시 가능	가능
통제운영자와 다른 부서인원	낮음과 중간 사이	독립적인 평가	보완조치시 가능	가능
별도 전담부서	중간 또는 높음	독립적인 평가	가능	가능
외부 아웃소싱	높음	독립적인 평가	가능	가능

통제운영자와 동일한 부서인원이 평가하는 경우 보완조치는 어떻게 하는 것인가? 회계팀 내에서도 자금 업무를 담당하는 자와 회계 업무를 담당하는 자가 명확히 구분되어 있다면 서로 상대방의 담당 업무에 대해서 평가를 하게 하거나, 평가는 통제운영자가 수행하되 그 평가에 대한 검토 및 승인을 다른 부서장으로 설정하는 방법 등이 있을 것이다.

나) 평가 대상(범위)

(1) 범위 선정 기준

평가 대상 선정은 연초에 이루어지는 평가준비 단계에서 스코핑(Scoping)을 통해 식별한 범위를 기준으로 한다. 다만, 회사는 중간과 기말에 추가 스코핑(Scoping)을 수행하여 당기 중 유의한 변동이 있는 계정이나 사업부가 없는지 확인하여 당해 연도 평가 대상의 완전성에 대해 검증할 필요가 있다.

(2) 추가 고려사항

영업소나 공장과 같이 복수 사업장의 통제가 동질적인 경우에는 전체 사업장을 하나의 모집단으로 해서 표본 추출을 하거나, 대표 사업장을 선정하여 표본을 추출하는 방식도 가능하다.

회계기간 중 중요한 사업부, 자회사의 취득이 발생한 경우 그 변동이 사업연도 말에 근접하여 이루어진 경우에는 평가를 유보할 수 있고, 처분이 발생한 경우에는 당해 연도에서 평가 제외가 가능하다. 다만, 그러한 배제가 결정된 경우에는 회사의 내부회계관리제도 운영실태보고서상 범위에서 제외하였다는 사실을 표명할 필요가 있다.

다) 테스트 대상 통제의 선정

선정된 부문 및 프로세스의 통제활동 중 핵심통제에 대하여 평가를 수행한다. 비핵심통제는 회사의 판단 하에 필요시에 수행한다. 다만, 다음과 같은 상황이 발생하는 경우에는 테스트계획을 수립함에 있어 평가대상 통제의 수를 확대할 것을 고려하여야 한다.

- 전사적 수준 또는 업무 수준 통제 설계가 비효과적인 것으로 평가된 경우
- 정보기술 일반통제의 설계가 비효과적인 것으로 평가된 경우
- 상시적인 모니터링을 수행한 결과 내부회계관리제도가 비효과적이라고 판단되는 경우 등

연결 재무제표 기준으로 내부회계관리제도 감사를 받는 종속회사는 그룹 수준에서 충분하고 합리적인 위험평가가 수행되기 위하여, 연결 재무제표 기준의 검토에 따라 지배회사가 평가 범위에 포함할 필요가 있다고 결정한 통제를 추가적으로 반영해야 한다.

라) 테스트 방법

(1) 개요

테스트 방법은 질문(Inquiry), 관찰(Observation), 검토/검사(Inspection /Examination), 재수행/재계산(Re-perform/Recalculation) 등이 있다. 테스트 방법이 제공하는 확신 수준은 질문, 관찰, 검토/검사, 재수행/재계산 순으로 테스트하는 사람이 직접 다시 해당 업무를 수행해 보는 것

이 최고 수준의 확신을 제공하는 방법이다. 가령, 감가상각의 경우 1개의 자산을 샘플로 하여 제대로 감가상각이 계산되고 있는지 재계산 해보는 것이 단순히 감가상각 전표에 대한 검토를 수행하는 것보다 확실한 평가 방법일 것이다.

또한, 관찰이나 질문의 경우 해당 시점에만 효과적으로 통제가 수행될 위험이 있는 등 통제의 운영효과성을 테스트하는 데 충분하지 않을 수 있으므로, 관찰이나 질문을 테스트에 활용할 경우에는 두 가지 이상 테스트 방법을 결합하여 진행하는 것이 적절하다. 테스트를 진행함에 있어 모집단의 완전성 확인 및 적절한 샘플링 방식을 선정해야 의미 있는 통제 효과성에 대한 증거를 입수할 수 있음에 유의한다.

(2) 모집단 확보 및 완전성 확인

모집단이란 통계적 관찰의 대상이 되는 집단 전체를 말한다. 어떤 집단을 통계적으로 관찰하여 평균이나 분산 등을 조사할 때, 관찰의 대상이 되는 집단 전체를 조사하는 것이 여러 가지 이유로 어려울 경우에, 전체에서 일부를 추출하여 그것을 조사함으로써 전체의 성질을 추정하는 방법을 취한다. 이런 경우 원래의 집단 전체를 모집단이라 하고, 추출된 일부를 표본이라고 한다.[32]

테스트 모집단이 불완전하다면 아무리 정교하게 표본추출(샘플링)을 진행하더라도 원천적으로 누락되는 표본이 생길 수 있고 이로 인해 테스

---

32) [네이버 지식백과] 모집단 [population, 母集團]
    (https://terms.naver.com/entry.naver?docId=1093879&cid=40942&categoryId=31608)

트 결과를 완전하게 신뢰할 수 없게 되므로 테스트 수행에 앞서 확보된 모집단의 완전성을 확인하는 것은 필수적인 절차이다. 테스트를 위한 모집단 확보는 내부회계관리 전담부서에서 진행하는 것을 원칙으로 한다.

테스트를 위하여 모집단을 확보한 후에는 아래 표와 같이 완전성을 검토하도록 한다.

표 4-7 **유형별 모집단 완전성 검토 방법**

구분	내용
주기적 통제의 경우	주기적인 형태(예: 일, 주, 월, 분기, 반기, 년)로 수행되는 통제활동의 경우 발생 빈도 자체가 미리 확정되어 있으므로 모집단의 완전성 검토가 용이
시스템에서 추출되는 경우	시스템에서 통제 수행자가 입력한 Input Parameter(조회 기간, 조회대상 등)를 동일하게 입력하여 추출한 후 통제 수행자가 제출한 모집단과 비교하여 모집단의 완전성을 확인
특정 계정의 원장이 모집단인 경우	해당 원장의 합계금액과 평가시점 시산표의 해당 계정금액이 일치
모집단이 1개인 경우	존재 여부가 모집단의 완전성을 확인, 완전성 검토 불필요
수시로 발생하는 사건이 모집단인 경우	사건의 속성에 따라 별도의 모집단 완전성 검토 절차 수립 필요

(3) 샘플링 진행

① 샘플링 사이즈 결정

샘플링을 수행하는 경우에는, 아래에 제시된 테이블에 따라 각 통제활동의 주기와 평가된 위험에 맞는 샘플 수를 선정한다.

표 4-8 **통제 주기별 적정 샘플 수량**

※ 허용 가능 오류를 0개로 기대하는 경우의 모집단별 테스트 표본의 개수

모집단 구분		샘플 개수		
통제 주기	연간 환산 모집단	저위험 통제	중위험 통제	고위험 통제
연/반기	1	1		
분기	1 초과~4 이하	2		
월	4 초과~12 이하	2	3	4
주	12 초과~52 이하	5	8	10
일	52 초과~250 이하	15	25	40
일별 수시	250 초과	25	45	60
Automated/상시	N/A	1		

예를 들어, 구매처 마스터 생성/변경에 대하여 적격한 권한자의 검토/승인을 득했는지 확인하기 위하여 테스트를 진행하는 경우, 시스템상 구매처 마스터 생성/변경 이력 전체를 다운로드 받은 후 샘플링을 진행해야 할 것이다. 이 경우 건별 통제로써, 다운로드 받은 이력 건수가 45건이라 가정할 때 연간환산 모집단을 따라 52개 이하이므로 (중위험 통제인 경우) 8건을 샘플링 사이즈로 결정하도록 한다.

또한, 샘플 사이즈는 연간으로 충족되면 된다. 샘플링 사이즈가 8건인 경우 아래와 같이 나눠서 샘플링을 할 수 있을 것이다. 단, 모집단에 따라 샘플링 사이즈가 결정됨을 유의하여 기말 운영평가전 평가기간 내 전체 모집단을 확인하여 연간 샘플링 사이즈 변경이 필요 없는지 검토하도록 한다.

중간운영평가 (1~9월)	기말운영평가 (10월~12월)	연간 샘플링 사이즈
6	2	8

② 샘플 선정 방법

샘플 사이즈가 일단 결정되면, 샘플을 어떻게 선정할 것인지 결정한다. 샘플을 선정하는 주요한 방법은 다음과 같다.

- 무작위 추출법
- 계통 추출법: 모집단의 모든 요소에 일련번호를 붙이고, 처음 하나의 표본을 임의추출하고, 일정한 간격으로 추출하는 방법
- 편의 추출법: 샘플링 수행자의 편의성에 따라 임의로 표본을 추출하는 방법

샘플 선정시에는 동일한 분기나 동일한 월을 피하여 샘플링하는 등 충분한 기간 및 가능한 많은 통제운영부서를 포함할 수 있도록 표본을 선정하여야 한다. 또한, 결산 프로세스에 대한 통제활동, IT통제활동 등은 연말 시점 운영 테스트를 필수적으로 요구하는 경우가 있으므로 해당 통제에 대하여는 연말 발생 건이 포함되도록 샘플을 선정하여야 하는데 유의할 필요가 있다. 표본 선정은 통제평가의 독립성에 영향을 미치는 중요한 요소이므로 반드시 통제운영부서가 아닌 내부회계관리 전담부서 또는 독립된 평가자에 의해 이루어져야 한다.

업무 효율화를 위해서는 샘플 선정 단계에서 외부감사인이 같이 참여하도록 한다. 모집단을 추출하면 동시에 외부감사인에게 전달하여 샘플링 리스트를 전달받고 회사가 추가적으로 샘플링을 진행한 리스트를 합하여 관련 업무부서에 전달한다. 만약 회사와 외부감사인이 별도로 샘플링 리스트를 작성하고 서로 다른 시기에 평가를 수행하게 되면 관련 업무부서에서 비슷한 증빙을 여러 번 준비하게 되어 업무 과중으로 이어지게 된다.

③ 기중 신설된 통제(개선된 통제 포함)의 샘플링 방법

기중에 신규로 통제가 설계 및 운영된 경우에는, 아래의 표와 같이 최소 운영 기간을 고려한 적정 샘플 수에 대한 정책을 수립하여 이에 따라 통제의 운영에 대한 샘플을 선정하여 테스트한다. (*연중에 본 통제의 미비점 발생으로 인하여, 개선계획에 따라 통제가 수립된 경우 포함)

신규 통제의 운영 시기가 4분기에 수립되어 아래의 샘플링 개수를 충분히 만족시키지 못하는 경우, 해당 샘플은 모집단을 대표하지 못하는 것으로 간주한다.

표 4-9 기중 신설 통제의 적정 샘플 수량(예시)

통제 주기	새로운 통제에 대한 샘플 개수	
	도입시기가 4분기 이전인 경우	도입시기가 4분기인 경우
연/반기	해당 통제활동의 빈도 & 위험평가 결과에 따라 기본 샘플링 기준으로 테스트하는 것을 원칙으로 함	1
분기		1
월		2
주		5
일		10
일별 수시		15

④ 예외사항[33]이 발생한 경우, 추가 샘플링 방법

평가수행 중 예외사항이 발생하게 되면 우선 단순 예외사항인지,

---

33) 운영 평가 중 통제활동이 상정하고 있는 것과 다른 상황이 발생하는 경우가 있고, 이러한 상황을 예외사항이라고 한다. 예외사항 중 체계적이고 근본적인 통제상 문제점을 미비점이라 하며, 예외사항과 미비점 평가에 대한 자세한 내용은 제5장에서 다룬다.

미비점인지 먼저 구분을 한다. 아래와 같은 경우에는 예외사항으로 구분한다.

- 예외사항의 성격이 체계적이고 반복적이지 않는 것으로 판단되는 경우
- 예외사항으로 인한 재무제표상의 왜곡표시가 발생하지 않을 것으로 판단되는 경우

예외사항으로 판단된 경우에는 모집단에서 기존 샘플링 개수의 절반 이상의 추가 샘플링을 수행하여 테스트를 실시하고, 추가적으로 예외사항이 발견되지 않으면 단순 예외사항으로 평가를 종료하도록 한다.

그림 4-2 예외사항 평가 절차도['평가 및 보고 가이드라인' 문단48]

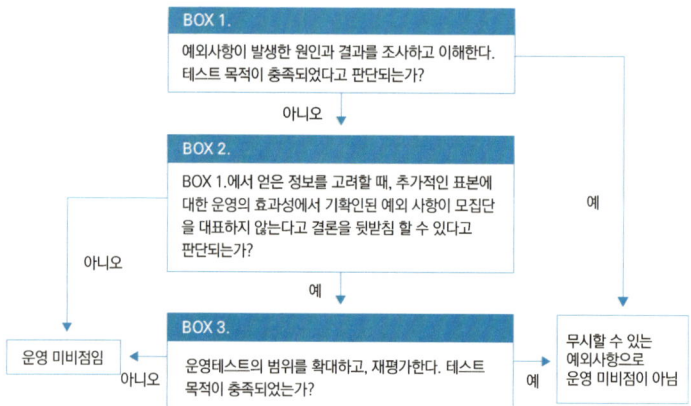

(4) 평가 진행

표본에 해당하는 증빙을 통제운영부서에서 내부회계관리 전담부서에 제출하면 이를 활용하여 각 통제활동의 속성에 맞춰 운영실태 점검을 실시하며, 각 통제활동별로 어떻게 평가를 진행하여야 하는지에 대한 세부사항은 사전에 통제기술서상에 기재해 둔다. 만일 별도의 내부회계 평가 시스템이 있다면 시스템에 업로드하여 평가를 진행한다.

표 4-10 운영 평가 절차 예시

점검대상 통제 선정	1. 운영실태 점검을 위하여 점검대상 통제를 선정한다.	• 통제번호: RE11.R02.C02 • 통제설명: 거래명세표에 대한 거래처 및 지점장 승인 • 통제활동: 영업사원이 작성한 거래명세표의 청구/미수 금액에 대해 거래처의 서명을 득한다.
모집단 확보 및 샘플링	1. 운영실태점검자(통상 내부회계관리 전담부서)는 점검대상 통제의 통제기술서를 확인하여 모집단의 정의 및 원천을 확인하고, 모집단을 확보한다. 2. 확보한 모집단은 '2) 모집단 완전성 확인'을 참고하여 완전성을 확인하도록 한다. 3. 완전성을 확인한 모집단에서 '3) 샘플링 진행'을 참고하여 표본을 추출한다.	1. 월별 거래처별 미수현황 2. 회계시스템상 매출채권 내역을 검토하여 금액 일치 여부 검토 3. 모집단이 250건 이상인 경우, 중위험 통제의 경우에 45건 샘플링하되 지점별로 고르게 배부한다.
[사용시] 시스템 준비	1. 내부회계관리 시스템에 점검대상 통제에 대한 평가를 준비한다.	1. 내부회계평가 시스템 내 '운영관리'에서 일정/인사정보 관리 → '기준정보' 등록 → '평가담당자 지정'
관련 업무부서 증빙 요청	1. 통제수행자에게 추출된 표본에 대한 증빙을 요청한다. 2. 평가 시스템을 사용하는 경우, 시스템에 증빙을 업로드하게 한다.	1. 통제운영부서에 샘플링 리스트 전달 및 증빙 회신 요청

점검 수행	1. 운영실태점검자는 점검 대상 통제에 대한 점검 절차를 통제기술서를 참고하여 확인한 후 해당 절차를 참고하여 운영실태점검을 수행한다. 2. 예외사항이 발생한 경우, '3) 샘플링진행 – ④'를 참고하여, 추가 테스트를 고려한다.	좌동
미비점 분류	1. 점검결과 발견된 예외사항에 대하여 미비점 평가 및 분류를 수행한다. 2. 미비점 분류 내역은 '내부회계관리제도 미비점 및 개선계획 관리'로 문서화한다. 3. 종속회사 내부회계관리 전담부서는 '연결 내부회계관리제도 미비점 및 개선관리 보고'를 문서화하여 지배회사에 보고한다.	좌동
점검결과 문서화	1. 점검결과는 문서화하여, 경영진 및 지배회사에 보고한다.	1. 연간계획 또는 지배회사 공문을 참고하여, 평가결과를 적시에 보고

④ 평가 문서화

운영 평가 결과에 대한 문서화는 적절한 증거를 포함하여 운영의 효과성을 입증할 수 있어야 하며, 제3자(감사위원회, 외부감사인 등)가 명확히 이해할 수 있는 수준이어야 한다.

결과에 대한 문서화에는 확보한 모집단 및 샘플링 리스트도 함께 기록해두도록 한다. 또한 수취한 샘플에 대해 통제의 속성별로 운영이 효과적으로 이루어지고 있는지에 대한 평가 내역이 반드시 포함되도록 한다.

평가결과의 보존 및 관리를 위해서 운영 평가 결과는 문서화하여 관리하여야 한다. 수기로 된 문서철의 보관보다는 전자문서화(PDF 등)하여 관리하는 것이 효과적이며, 체계적인 관리 및 평가결과의 임의적인 변경 방지를 위해서 활용 가능한 내부회계관리 시스템이 있다면 시스템상에 업로드하여 관리하거나, 시스템이 없는 경우 전자결재 문서를 활용하여 기록 및 관리할 것을 권고한다.

표 4-11 운영 평가조서 예시

통제번호	RE11.R01.C01 (창고 출고 및 반납 승인)	
통제활동 설명	창고 내 출고, 반납, 수송 관련 승인 권한은 창고장에게만 부여된다.	
모집단 대상	SAP 물류 창고담당자 관리 List (1건)	
모집단 완전성 검토	IT팀에 코드 권한자 요청하여 별도로 수취, 특이사항 없음	
샘플링 방법	1건	
통제속성 평가	1) 창고 내 출고, 반납, 수송 관련 승인 권한이 창고장에게만 부여되어 있는지 여부	
테스트 증빙	**증빙첨부**	**확인결과**
	1. SAP 물류 창고담당자 관리 List. EXCEL	예외 발생
평가 결과	미비 권한자 리스트 확인결과 김해지점 김○○이 25.4.1부로 지점 업무 사원으로 보직 변경되었으나 창고장 권한을 그대로 보유 중임을 확인	
기타 첨부파일	사원명부 리스트.excel	

통제번호	RE11.R02.C02 (거래명세표에 대한 거래처 및 지점장 승인)
통제활동 설명	거래명세표에 대한 거래처 및 지점장 승인
모집단 대상	월별 거래처별 미수현황 (250건 이상)
모집단 완전성 검토	매출채권 잔액과 대사하여 이상 없음을 확인함(확인파일 별첨)
샘플링 방법	45건(모집단 참조 샘플링 사이즈 결정)
통제속성 평가	1) 샘플로 추출한 거래처의 채권잔액이 [거래명세표]에 기록된 내역과 일치 여부 2) 해당 거래내역에 대한 거래처의 서명을 득하였는지 여부

테스트 증빙	증빙첨부	확인결과
	1. 강남지점 A거래처 4월.pdf	정상
	2. 강남지점 B거래처 6월.pdf	정상
	….	…
	45. 대구지점 Z거래처 1월.pdf	정상
평가 결과	적정	
기타 첨부파일	RE11.R02.C02 모집단 완전성 검토 및 샘플링 파일.excel	

통제번호	RE11.R03.C03 (매출전표 자동생성)	
통제활동 설명	일마감시 확정된 거래명세표는 자동으로 매출전표가 생성됨.	
모집단 대상	Z04 대금청구 유지보수 화면	
모집단 완전성 검토	시스템 로직 확인 건으로 모집단 완전성 검토 대상이 아님	
샘플링 방법	해당사항 없음	
통제속성 평가	1) 대금청구문서 생성 시 매출 전표를 자동으로 생성하는 설정 로직을 확인	
테스트 증빙	증빙첨부	확인결과
	1. ZVF04 대금청구 유지보수 화면 리스트	정상
평가 결과	적정 : 설정 로직을 확인한 결과 변경 내역이 없음을 확인함	
기타 첨부파일	–	

⑤ 미비점 적발 및 심각성 평가

내부회계관리 전담부서의 역할은 충실한 평가를 통해 미비점을 적시에 적발하고 관련 업무부서에서 개선 작업을 적절하게 수행하는지를 추적 관찰함으로써 통제 실패로 인해 회사에 발생할 손해를 사전에 예방하는 것이다. 따라서 전담부서가 미비점을 적극적으로 발견하고 이를 개선하는 업무 전체에 대해 경영진은 이를 성과로 인식하고 격려하고 지지해 주는 것이 바람직하다. 만일 경영진이 미비점 발생에 대해 지나치게 부정적인 시각으로만 바라보면서 미비점이 발견되지 않아야지만 내부회계관리 전담부서가 일을 잘 한다고 판단하거나, 미비점이 발생한 관련 업무부서에 개선 활동을 독려하기보다는 미비점 발생 자체에 대한 문책 위주로 대응한다면 전담부서 및 관련 업무부서들은 미비점 발생사실을 은폐할 가능성이 높아진다. 이 경우 내부회계관리제도의 적정한 운영을 오히려 방해할 가능성이 높아지므로 경영진은 이 점을 주의하여 관리하여야 한다.

6 결과 보고

운영 평가 결과 보고는 경영진이 내부회계관리제도 설계 및 운영에 대한 의사결정을 하는 데 중요한 원천이 된다. 따라서 정확하고 객관적이며 명확해야 한다. 또한 건설적이며, 의미 있는 내용을 담아서 회사의 통제가 개선될 수 있는 기회를 제공해야 한다.

운영 평가 결과는 수립된 계획을 준수하여 경영진, 감사(위원회) 및 지배회사에 보고하도록 한다. 지배회사의 경우 종속회사의 운영 평가 결과를 수령한 이후, 그 결과가 목적을 달성하기에 부족하거나, 적합하지 않은 경우 추가 평가 또는 추가 증빙 제출을 요구할 수 있다. 종속회사는 이에 성실히 임할 의무가 있다.

운영 평가의 결과에 대한 최종 승인은 대표이사 및 내부회계관리자가 수행한다.

제4절

04 외부 전문가의 활용

① 활용 방식

내부회계관리제도 운영을 회사 내부 인력에 의존하지 않고 외부 전문가를 활용하는 것이 더욱 효율적인 경우가 있다.

크게 다음의 두 가지 경우가 여기에 해당하는데, 첫 번째 유형은 회사 자신의 내부회계관리제도 평가 업무의 외주화이다. 연결 재무제표 기준 내부회계관리제도에 따른 범위 선정 결과 일부 분야에 대해서만 내부통제 평가를 받아야 하는 자회사나, 회사의 규모 등을 고려할 때 전문성 있는 전담부서를 설치하여 운영하는 것이 회사에 부담이 되는 경우가 대표적이다. 이런 경우는 설계 평가나 운영 평가와 같이 일부 시기에 집중적으로 외부 전문가의 도움을 받아 필요 최소한의 내부회계관리제도 운영 업무를 수행할 수 있다. 이렇게 운영하면 독립적인 내부회계관리 전담조직을 설치하는 것보다 내부회계관리제도 운영의 전문성과 독립성을 확보하면서도 비용 측면에서 유리할 수 있다. 다만, 평가 시기를 제외한 일상적인 내부통제 활동을 지원하고 관리하는 부분이 취약해질 수 있으므로 외부 전문가의 도움을 받을 부분과 자체적으로 운영해야 할 부분을 어떻게 나누고 어떻게 관리할지 충분히 고려하여 운영 방식을 선택하여야 한다.

또 다른 유형은 제3자를 위해 내부회계관리제도의 대상이 되는 업무를 수행하고 있는 서비스 기업이 해당 업무의 내부통제 적정성에 대해서 외부 인증을 받아 고객사에 제공함으로써 고객사의 내부통제 업무를 효율화하는 방법도 있다. 이러한 방식은 주로 하나의 내부통제 대상 업무 영역을 여러 회사가 공동으로 사용하는 경우 활용도가 높은데, 예를 들면 동일한 경영 관리 서비스(인사, 재무 등)를 특정 회사로부터 여러 기업이 공동으로 제공받거나, 특정 회사가 보유하고 운영하고 있는 IT 시스템을 여러 기업이 공동으로 사용할 경우 해당 영역과 관련된 내부통제에 대하여 개별 사용자 기업이 별도로 각각 평가 업무를 수행하는 것보다 서비스를 제공하는 회사가 신뢰할 수 있는 외부 전문가를 통한 인증을 받고 그 결과를 고객사에게 공통으로 제공하는 방식으로 대체할 수 있다. 외부 인증의 가장 대표적인 수단이 ISAE 3402 리포트(서비스 조직의 통제에 대한 인증 보고서)이며, 이와 관련된 상세한 내용은 해당 인증을 이용할 필요가 있는 경우 회계법인 등 전문가와 상의하여 업무 범위, 인증의 효과 등에 대해 검토를 수행한 후 도입 여부를 결정하는 것이 바람직하다.

❷ 외부 전문가 활용에 대한 내부통제

앞서 말한 것처럼 외부 전문가에게 아웃소싱을 맡기는 경우에는 해당 업무를 맡는 외부 전문가의 독립성과 적격성에 대해서 검토하여 적절성에 대하여 평가하도록 한다. 만약 외부 전문가가 내부회계관리제도에 대한 전문 지식이 부족하거나, 회사에 대해 재무적 이해관계가 있다거나, 관련 업무부서 구성원의 직계가족이라는 등의 사정이 있다면 적합한 업무 수행이 불가능할 것이기 때문이다.

또한, 회사는 외부 전문가를 활용하였다 하더라도 평가 결과에 대한 최종 책임은 회사가 지는 것임을 유의해야 한다. 따라서 사전에 아웃소싱 범위 및 평가 절차에 대해 명확히 합의하고, 외부 전문가가 실시하는 업무 진척 상황을 정기적으로 검증해야 하며, 업무 결과가 아웃소싱한 내역을 충족하고 있는지에 대해서 확인하도록 한다.

제5장

미비점의 개선 및 재평가

효과적인 통제가 설계되고 이 통제가 설계한 의도대로 잘 운영된다면 미비점은 발생하지 않을 것이라고 생각되겠지만, 실제로는 여러 가지 이유로 미비점이 발견된다. 미비점을 발생시키지 않는 것만큼이나 제대로 된 평가를 통해 미비점을 발견하고 이를 적시에 개선하는 것도 그에 못지 않게 중요하다. 미비점이라고 하여 모두 같은 미비점은 아니다. 단순한 미비점, 유의한 미비점, 중요한 취약점으로 나눌 수 있는데 이에 따라 개선되지 못했을 때의 효과가 달라진다. 중요한 취약점이 개선되지 않으면 내부회계관리제도가 효과적으로 운영되지 않았다고 판단된다. 미비점의 분류는 발생가능성, 금액의 크기, 질적 요소 등 여러 가지 요소를 고려하여 적절히 이루어져야 한다. 중요한 취약점을 빠뜨리지 않는 것도 중요하지만 단순한 미비점이나 유의한 미비점임에도 마구 중요한 취약점으로 분류해 버리면 효율적인 내부통제를 달성할 수 없다.

발견된 미비점은 개선되어야 하고 미비점이 개선된 통제에 대해서는 재평가를 해야 한다. 재평가는 제4장에서 다룬 평가와 기본적으로 동일하게 이루어진다.

01

미비점이란

미비점이란 내부회계관리제도와 관련하여 임직원이 업무를 수행하는 과정에서 통제가 제대로 설계되거나 운영되지 못하여 적시에 적절하게 재무보고의 왜곡표시를 예방하거나 적발할 수 없는 상태를 의미한다.

❶ 미비점의 종류

미비점은 크게 아래와 같이 설계상 미비점과 운영상 미비점으로 분류할 수 있다.

① 설계상 미비점

내부회계관리제도의 목적을 달성하기 위하여 필요한 통제가 존재하지 않거나 수립된 통제가 적절하게 설계되지 않아 설계된 대로 운영되더라도 통제목적이 충족되지 못하는 경우에 발생

② 운영상 미비점

적절하게 설계된 내부회계관리제도가 설계된 대로 운영되지 못하거나 통제 업무 수행자가 통제를 효과적으로 수행하기 위한 자격요

건이나 권한을 갖추고 있지 않아 통제의 목적을 충족하지 못하는 경우에 발생

설계상 미비점은 아예 통제가 없거나, 기존의 통제 설계가 불충분한 경우로 개선 과정에서 관련 업무부서의 기존 업무 프로세스에 변경을 가져오게 되어 운영상 미비점보다 개선 과정이 복잡할 수 있다.

운영상 미비점과 관련해서는 추가로 검토할 것이 있다. 운영 평가 중 통제활동이 상정하고 있는 것과 다른 상황이 발생하는 경우가 있고, 이러한 상황을 예외사항이라고 한다. 가령, 매출 프로세스 통제 중 판매확인서에 대한 거래처 서명을 득하는 통제가 있는데 중간 운영 평가 과정에서 샘플링한 24건 중 2건에서 거래처 서명을 누락한 것을 발견하게 되었다고 가정해 보자. 예외사항이 나왔으니 해당 통제에 대한 운영상 미비점으로 바로 식별해야 한다고 생각할지도 모르겠지만 모든 예외사항이 반드시 미비점으로 최종 판단되는 것은 아니다.

회사는 우선 예외 사항이 발생한 원인을 분석하여 말 그대로 일시적 예외 사항에 불과한지 지속적으로 발생가능한 미비점에 해당하는지 판단한다. 다수의 모집단이 있는 경우에는 테스트 범위를 확대하는 등 추가적인 분석 절차를 거친 이후 발견된 예외 사항이 모집단을 대표한다고 판단되면 그때 미비점으로 식별한다. 위 거래처 서명 누락 사례에서 이러한 분석 결과 체계적이고 반복적이지 않고 극히 예외적인 경우에 발생한 것으로 판단되며, 해당 예외 사항으로 재무제표상 왜곡표시가 발생하지 않을 것이라고 판단되는 경우에는 미비점이 아닌 단순한 예외사항으로 구분할 수 있다.

미비점은 전사적 수준 통제, 업무 수준 통제, 정보기술 일반통제 어디에서나 발생할 수 있다. 대체로 제도 구축 초기에 설계상 미비점이 많이 식별되는 편이며, 제도가 안정된 이후에는 관련 업무부서의 통제 우회나 무시에 따른 운영상 미비점이 발생하는 경우가 많다.

② 미비점의 분류

식별된 미비점은 심각성의 정도에 따라 아래와 같이 세 가지로 분류된다.

① **단순한 미비점(Simple Deficiency)**
재무제표상 왜곡표시가 발생할 것으로 예상되는 예외사항을 의미하며, 발생가능성이 낮고 금액적 크기도 작아 재무제표 왜곡 가능성이 낮으면서 경영진이 주목할 필요가 크지 않은 중요도가 낮은 미비점을 의미

② **유의한 미비점(Significant Deficiency)**
중요한 취약점으로 분류될 수준은 아니지만 회사의 재무보고를 감독할 책임이 있는 이사회, 감사(또는 감사위원회) 등이 주목할 만한 하나 또는 여러 개 미비점의 결합

③ **중요한 취약점(Material Weakness)**
하나 또는 여러 개 미비점의 결합으로서 재무제표상 중요한 왜곡표시가 예방 또는 적시에 적발되지 못할 '가능성이 낮지 않은' 경우

상기 미비점 분류에 대한 평가 절차를 도식화하면 아래와 같다. ['평가 및 보고 가이드라인' 문단59]

그림 5-1 미비점 분류 절차도

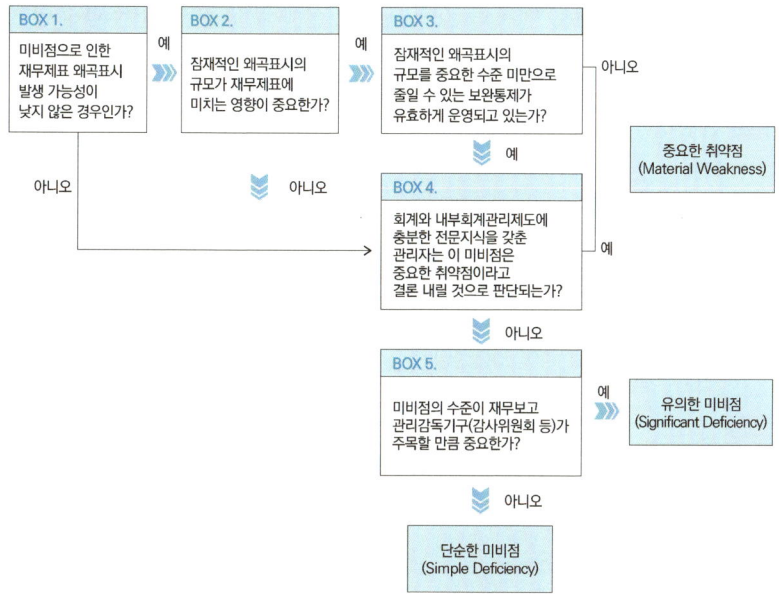

위와 같이 미비점 분류시에는 발생가능성, 잠재적 왜곡표시의 금액적 크기 등 양적 요소와 질적 요소에 대해서 고려해야 하는데 각각의 요소에 대해서 간략히 다뤄보도록 하겠다.

가) 발생가능성

발생가능성이란 재무제표 왜곡표시가 방지되거나 발견되지 못하는 경우가 발생할 잠재적 가능성을 말하는 것이다. 즉, 재무제표의 왜곡표시가 실제로 발생하였는지 여부를 고려하는 것은 아니다.

발생가능성은 (ⅰ) 낮은(remote), (ⅱ) 합리적으로 발생 가능한(reasonable possible), (ⅲ) 높은(probable)의 세 단계로 구분되고, 여기서 (ⅱ)와 (ⅲ)

의 경우는 가능성이 낮지 않은 경우(reasonable possibility/More than remote)에 해당한다. 해당 미비점의 발생가능성이 낮지 않다면 유의한 미비점이나 중요한 취약점으로 분류할 수 있다. ['평가 및 보고 가이드라인' 문단53]

이를 표로 정리하면 아래와 같다.

발생가능성 수준	발생가능성 분류	미비점 분류
높은	가능성이 낮지 않은	유의한 미비점이나 중요한 취약점
합리적으로 발생가능한		
낮은	가능성이 낮은	단순한 미비점

발생가능성을 평가할 때는 아래 요소(각 예시 참고)들을 고려하도록 한다.

(1) 예외 사항의 근본적 발생원인 및 발생빈도

해외 자회사로부터 월별 손익 데이터를 수기 엑셀로 취합하던 중 환율 적용 오류가 3개월 연속 발생한 경우, 자동화 시스템 미도입 및 인적 실수가 발생원인이며 반복적으로 발생하였기에 이 통제 미비는 지속적 오류 가능성이 있어 발생가능성이 높다고 판단된다.

(2) 예외 사항의 영향을 받는 계정과목, 주석사항 및 경영자 주장의 내용

회사의 업종, 경영환경에 따라 예외 사항의 영향을 받는 계정과목, 주석사항 및 경영자 주장의 내용에 대한 평가 결과가 달라질 수 있다. 가령 무형자산 계정과목에 대한 예외 사항의 발생가능성은 IT기업에서는 높지만 유통업에서는 낮을 수 있다.

(3) 계정과목, 공시사항에 내재된 주관성, 복잡성 및 판단요소의 성격

건설회사에서 수익인식(IFRS15) 회계처리와 관련하여 오류가 발생한 경우 건설업의 경우 계약마다 회계처리 판단이 필요하고 계약조건도 다양하여 업종특성상 주관적 판단과 복잡성이 크기 때문에 통제가 미흡하면 반복적 오류 발생가능성이 높아 발생가능성도 높다고 판단할 수 있다.

(4) 관련 자산이나 부채상의 손실, 또는 부정에 관련될 수 있는 민감도

현금 계정 회계처리에 오류가 있는데 외부감사인의 확인 요청 전까지 내부에서도 인지하지 못하였다면 조작 가능성 및 재무제표 왜곡 위험이 있으며, 발생시 법적 리스크와 시장 신뢰도 하락으로 이어질 수 있어 민감도가 높다고 할 수 있다.

(5) 통제 미비점이 장래에 미칠 수 있는 영향의 결과

회사의 회계시스템 서버 백업이 자동화되어 있지 않고 수동으로 월 1회 백업 중인데 1회 누락한 경우를 가정해 보자. 1회 예외 사항이 발생하였으니 발생가능성이 낮다고 할 수도 있겠지만 시스템 장애, 전산 오류 등으로 과거 거래기록 자체가 유실될 가능성이 있고 마감 직전 백업이 안 되어 있으면 재무제표 작성이 불가한 상황도 발생가능하다. 따라서 지금은 문제가 없지만 잠재적인 피해가 클 수 있기 때문에 발생 가능성을 높게 평가하는 것이 맞다.

(6) 통제의 상호의존성 또는 중복성(Redundancy)의 정도

구매 승인 통제가 전산시스템 권한 통제와 별도로 상위권자 승인을 추가로 요구하는 경우 중복통제가 존재하여 하나의 통제 실패시 다른 통제가 이를 보완할 수 있으므로 실질적인 발생 가능성은 낮다고 평가할 수 있다.

나) 금액적 크기

발생할 수 있는 잠재적인 재무제표의 왜곡표시의 크기를 말한다. 실제 발생한 왜곡된 금액의 크기가 아니라 발생 가능한 왜곡표시의 예상치이다. 실무상 미비점이 발생한 통제에 관련된 스코핑(Scoping) 계정과목과 금액을 확인하여 추정하고는 한다.

크기가 유의한 수준, 실무상 스코핑(Scoping) 중요성 금액 이상이 되면 유의한 미비점으로 분류될 가능성이 높아진다. 유의한 수준은 이사회나 감사위원회 등 감독 기구가 주목할 만한 수준을 의미한다.

금액적 크기를 평가할 때에는 다음의 요소를 고려한다.

① 미비점에 따라 영향을 받는 재무제표 금액 또는 거래 총액
② 당기에 이미 발생되었거나 향후 발생될 것으로 예상되는 미비점에 따라 영향을 받는 거래의 계정잔액 및 거래금액의 크기
③ 보완통제의 영향으로 감소되는 발생 가능한 왜곡표시의 예상치

다) 질적인 요소

발생 가능성과 잠재적 왜곡표시의 금액 크기 등 양적 요소와 함께 아래 질적 요소를 모두 고려하여 평가한다.

(1) 발생 가능성에 영향을 미치는 질적 요소

① 특수관계자 거래 등 관련된 재무보고 요소의 성격

② 관련된 자산 및 부채의 손실 또는 부정에 노출된 민감도

③ 금액 결정에 요구되는 주관성, 복잡성 및 판단의 정도

④ 통제들의 상호 의존성 및 중복 여부를 포함한 통제와 다른 통제들 간의 연관 관계

⑤ 둘 이상의 연관된 미비점에 대한 평가 시 미비점들의 상호작용으로 인하여 동일한 재무제표 금액 또는 공시사항에 영향을 줄 수 있는 지 여부

⑥ 미비점으로 인하여 발생 가능한 미래의 결과

(2) 금액적 크기에 영향을 미치는 질적 요소

① 미비점에 노출된 재무제표 금액 또는 거래금액 합계

② 당기에 발생하였거나 미래에 발생할 것으로 예상되는 미비점에 노출된 계정잔액 또는 거래 유형의 규모

라) 보완 통제의 고려

미비점이 발생한 통제에 대응되는 보완 통제가 있다면 재무제표 왜곡표시 위험을 경감시킨다고 볼 수 있다. 다만, 그렇게 인정되기 위해서는 보완 통제가 중요한 왜곡표시를 예방 또는 적발할 수 있는 정교한 수준으로 운영되어야 한다.

마) 객관적인 관리자의 판단

회계와 내부회계관리제도에 충분한 전문지식을 갖춘 관리자가 경영진의 입장만 고려하지 말고 정보이용자(주주, 채권자 등)의 입장을 고려하여 객관적인 시각에서 판단해 보아야 한다. 만약, 이러한 관리자의 시각에서 봤을 때 발견된 미비점 때문에 그들의 업무 수행 과정에서 발생한 거래가 회계처리기준에 따라 적정하게 재무제표에 기록되고 있다는 합리적 확신을 가지지 못한다면 유의한 미비점 또는 중요한 취약점으로 분류해야 한다.

바) 재무보고 감독 기구의 판단

재무보고를 감독할 책임이 있는 이사회, 감사위원회 등의 시각을 고려하여 감독 기구가 주목할 만큼 중요한 미비점이라면 유의한 미비점 이상으로 분류하여야 한다.

사) 기타

이 외에도 내부회계관리제도 전반에 영향을 미칠 수 있는 상황을 함께 고려하여야 한다. 가령, 경영진이 관리 감독할 능력이 부재하거나 기존에 이루어진 시정조치가 적절히 이행되지 않은 경우 등이 있다면 미비점의 수준은 더 심각해질 것이다.

만약 평가 과정에서 여러 통제에서 미비점이 발견된 경우라면 발견된 모든 미비점을 개별적으로 그리고 다른 미비점과 결합하여 평가하여 회사의 내부회계관리제도에 유의한 미비점 또는 중요한 취약점이 존재하는지 여부를 평가하여야 한다.

참고로 2019년도 내부회계관리제도 감사 도입 초기, 미비점 평가에 대한 실무상 경험이 부족했던 시기에 전사적 수준의 통제나 업무 수준 통제를 뒷받침하는 정보기술 일반통제에서 미비점이 존재하는 경우 무조건 중요한 취약점으로 평가해야 하고 내부회계관리제도가 효과적이라고 판단을 내릴 수 없다는 등의 주장도 있었다. 하지만 이는 부정확한 주장으로 전사적 수준 통제나 정보기술 일반통제 모두 내부회계관리제도 전반에 걸쳐 중요한 영향을 미치지만 특정 계정과목과 관련된 경영자의 주장에는 간접적인 영향을 미친다. 따라서, 간접적인 영향을 미치는 통제의 미비점이 발견된 경우에는 그 자체로 미비점의 수준을 판단하기보다는 관련된 업무 수준 통제가 효과적인지 여부를 고려하여 종합적으로 판단하도록 한다.

❸ 미비점에 대한 결론

중요한 취약점으로 분류된 경우에는 회사의 내부회계관리제도가 중요성 관점에서 효과적으로 설계되어 운영되고 있지 않다고 판단한다.

미비점 개선 절차

① 미비점 개선 절차 개요

발견된 미비점을 단순히 보고만 해서는 회사의 내부회계관리제도가 건전하게 운영될 수 없다. 내부회계관리 전담부서는 설계 및 운영의 효과성을 평가하고 지속적인 개선을 유도하여 효과적인 통제가 이루어지도록 기여해야 한다. 이를 위해 경영진은 적극적인 미비점 발견 및 개선 활동을 내부통제 실패 사고의 사전 예방 활동의 수행으로 긍정적으로 받아들이고 이러한 활동을 독려해 주어야 한다.

내부회계관리 전담부서는 식별된 미비점을 통제운영 책임부서에 전달하고 개선 계획을 수립하도록 한다. 다만 이 과정에서 형식적인 개선 절차로 빠지지 않도록 유의한다.

가령, 공장에서 생산공정 보고서에 대한 매니저 결재를 누락했다고 가정해 보자. 이에 대해서 개선 계획을 '상급자 결재 라인 준수'라던가 '공장장 결재 라인 추가' 등을 세웠다면 틀린 개선 계획은 아니지만, 효과적인 통제가 이루어지도록 기여하지는 못할 것이다. 단순 결재 라인 준수 지도나 결재 라인 추가만으로는 인적 실수가 또다시 발생할 수 있기 때문이다.

따라서 형식적인 개선 지도보다는 미비점이 생긴 근본적인 원인을 검토하여 내부통제가 효과적으로 작동할 수 있도록 지도하여야 한다. 앞선 예시의 경우, 공장의 생산공정 보고서에 대한 결재누락이 인원 부족 때문인지, 업무 절차의 문제인지, 단순 담당자 실수인지, 보완 통제는 없었는지, 다른 방법으로 리스크를 예방할 수는 없었는지 등에 대해 검토하며 원인을 찾도록 한다. 만약 인원 부족이나 담당자 실수의 문제라면 IT 시스템 도입을 통해 자동으로 일단위 생산공정 리포트가 생성되고 결재가 진행되는 방식으로 실질적인 해결책을 제시하는 것이 좋을 것이다.

② 미비점의 개선관리 절차

가) 미비점 분석 및 통보

내부회계관리 전담부서는 평가시 발견된 미비점의 원인을 식별하고 리스크를 측정한 후 개선계획의 긴급도 및 중요도를 설정한다. 그 이후 미비점에 대한 의견과 결론, 미비점 개선요청을 담은 리포트를 통제운영부서에 발송한다.

주의할 점은 내부회계관리 전담부서는 통제의 설계와 운영의 효과성을 평가하는 조직이기에 개선을 지도하는 역할을 맡아야 하고, 개선 계획을 수립하고 시행하는 주체는 통제 운영부서가 되어야 한다.

나) 개선계획 수립 및 제출

통제운영부서는 개선계획을 수립하여 개선 일정, 개선 사항, 개선 담당자 등이 포함한 상세 내역을 문서화하고 통제책임자의 승인을 득한 후, 내부회계관리 전담부서에게 보고해야 한다. 단, 최종 개선계획 수립 전 통제운영부서는 내부회계관리 전담부서와 합의 절차를 거친다.

다) 개선계획 모니터링

내부회계관리 전담부서는 수립된 개선계획에 따라 미비점을 개선하는지 모니터링하고, 적정성 및 효과성을 평가한다.

연결 재무제표 기준 내부회계관리제도를 운영하는 회사의 종속회사의 경우, 상기 가)~다)의 절차를 지배회사 내부회계관리 전담부서에게 적시에 보고하도록 한다.

표 5-1 미비점 개선 절차 조서 예시

연도		2025
발생 미비점	유형(설계/운영)	운영
	관련 프로세스	매출
	관련 통제번호	RE11.R01.C01
	통제활동 설명	창고 내 출고, 반납, 수송 관련 승인 권한은 창고장에게만 부여된다.
	미비점 상세 내역 (구체적으로 기재)	중간 운영평가시 권한자 리스트 확인결과 김해지점 김○○이 25.4.1부로 지점 업무사원으로 보직 변경되었으나 창고장 권한을 그대로 보유 중임을 확인
	미비점 분류	단순한 미비점

내부회계관리 조직과 합의된 미비점 개선 계획	통제책임자의 개선 계획	영업지원팀은 IT팀과 협의하여 스마트거래시스템에 창고장 인사발령에 따라 자동으로 권한이 부여되고 회수되는 기능을 추가하기로 하였다.
	개선완료 예정일	2025-10-31
	현업 개선 책임자	영업지원팀 A책임, IT팀 B프로
	내부회계조직 담당자	내부회계팀 C책임
개선완료 확인	개선완료일	2025-09-30
	개선결과	IT팀이 HR시스템 인사발령과 스마트거래시스템이 연동되도록 개발을 완료 → 창고장 보직 부여 여부를 체크하여 자동으로 권한 부여 및 회수 진행
	내부회계문서 update 일자	2025-10-01

③ 개선관리 절차에서의 역할 분담

개선관리 절차의 주체도 설계 및 운영 평가의 주체와 동일하다. '별도 재무제표 기준'으로 내부회계관리 전담부서와 통제운영부서가 있고, '연결 재무제표 기준'으로는 지배회사와 종속회사로 나눠볼 수 있다. 각 주체별 미비점 개선관리 업무에 관한 주요 R&R은 아래와 같다.

표 5-2 **(별도 재무제표 기준) 미비점 분석 및 개선계획 수립 R&R**

구 분	내부회계관리 전담부서	통제운영부서
미비점 분석 및 통보	• 미비점 원인 분석 및 위험평가 • 미비점 개선요청 리포트 작성	• 내부회계관리 전담부서에 미비점 원인 분석 및 위험평가 진행 관련 자료 제출 및 협조
개선계획 수립 및 제출	• 개선계획 검토 및 합의 • 개선계획 취합 및 보고	• 개선계획 수립 • 개선계획 합의

구분	내부회계관리 전담부서	통제운영부서
		• 수립된 개선계획에 대한 통제책임자 검토/승인 • 내부회계관리 전담부서에 승인받은 개선계획 제출
개선계획 모니터링	• 개선계획 진행 모니터링 • 결과 취합 및 보고	• 내부회계관리 전담부서에 개선결과 보고

표 5-3 (연결 재무제표 기준) 미비점 분석 및 개선계획 수립 R&R

구분	지배회사	종속회사
미비점 분석 및 통보	• 미비점 개선일정 총괄 • (필요시) 종속회사에 대한 미비점 원인 분석 및 위험평가 직접 실시 • 종속회사 미비점 리포트 검토 및 승인	• 종속회사 미비점 개선일정 관리 • 종속회사의 미비점 원인 분석 및 위험평가 진행 • 지배회사 내부회계관리 전담부서에 미비점 관련 일체 자료 제출 및 협조
개선계획 수립 및 제출	• 종속회사 개선계획 검토 및 승인 • 종속회사 개선계획 취합 및 보고	• 지배회사 내부회계관리 전담부서에 개선계획 보고
개선계획 모니터링	• 종속회사 개선계획 진행 모니터 • 결과 취합 및 보고	• 지배회사 내부회계관리 전담부서에 개선결과 보고

03

개선된 통제의 재점검

❶ 재점검 개요

식별된 미비점은 평가기준일 이전에 개선하도록 한다. 또한 개선된 통제는 '효과적으로 운영되고 있다는 결론을 내릴 수 있을 정도의 기간' 동안 운영되어야 한다. 참고로 '평가 및 보고 가이드라인' 문단49에 따르면 평가기준일 전에 통제가 적절히 설계되고 운영의 효과성을 확신하기 위해 필요한 기간은 일반적으로 최소 2개월 이상이나, 통제의 성격이나 운영의 빈도에 따라 달라진다고 안내하고 있다.

기중 식별된 내부회계관리제도상 미비점을 개선하고, 재점검을 통하여 평가기준일 현재 충분한 기간 동안 통제활동이 적정함을 확인한 경우에는 내부회계관리제도는 최종적으로 효과적이라고 평가할 수 있다. 따라서, 기말 재무보고 절차 같은 연단위로 수행되는 통제는 평가 기준일 이후에 운영의 효과성에 대한 평가를 수행해야 하므로 미비점을 시정할 시간이 없기에 사전에 모의 테스트를 수행하는 등 미비점이 발생되지 않도록 주의를 기울여야 한다.

충분한 기간이란 해당 통제의 위험과 빈도를 고려하여 결정하는 샘플

수와 연관하여 판단하는 것이 일반적이다. 아래 재점검 실무 파트에서 샘플 수 선정 등 실무에 대해 설명하도록 하겠다.

② 재점검 실무

재점검 실무는 제4장 제3절 운영 평가 실무에서 설명한 기중 신설된 통제에 대한 샘플링 방법과 동일하다. 개선된 통제의 운영이 4분기에 개시되어 아래 표의 적정 샘플 수량을 충족시키지 못하는 경우, 해당 샘플은 원칙적으로 모집단을 대표하지 못하는 것으로 간주한다.

다만 개선된 새로운 통제에 대한 샘플이 아예 발생하지 않은 경우 어떻게 평가해야 될까? 가령 통제활동 주기가 건별인 경우 평가기준일 최소 2개월 이상 전에 개선이 완료되었더라도 관련 거래가 발생하지 않을 수도 있다. 이 경우 개선된 통제가 효과적으로 설계되고 관련 거래가 발생하지 않았음을 입증할 수 있다면 평가기준일 현재 통제 미비점에서 제외할 수 있다.

표 5-4 개선 완료된 통제의 적정 샘플 수량

통제 주기	개선 완료된 통제에 대한 샘플 개수	
	도입시기가 4분기 이전인 경우	도입시기가 4분기인 경우
연/반기	해당 통제활동의 빈도 & 위험평가 결과에 따라 기본 샘플링 기준으로 테스트하는 것을 원칙으로 함	1
분기		1
월		2
주		5
일		10
일별 수시		15

제6장

IT 통제의 평가

오늘날 회사의 많은 활동이 그러하듯 내부회계관리도 IT 시스템을 통해 이루어지는 경우가 상당히 많다. IT 통제와 관련하여서는 내부회계관리를 위해 IT 시스템을 어떻게 잘 활용하는가, 즉 IT 시스템에 '의한' 통제(IT 자동통제), IT 시스템 자체의 신뢰성을 어떻게 확보하는가, IT 시스템에 '대한' 통제(IT 일반통제), 그리고 두 가지 통제가 효과적으로 작동할 수 있는 기반을 마련하는 통제(IT 전사통제)라는 세 가지의 통제가 있다.

IT 자동통제와 IT 전사통제는 각각 일반적 업무 수준 통제와 전사적 수준 통제의 일부분으로 이해하면 되지만 IT 일반통제는 이와는 구별되는 특수한 통제로서 1) 정보기술 인프라 통제활동, 2) 보안관리 프로세스에 대한 통제활동, 3) 정보기술의 취득, 개발 및 유지보수 프로세스에 대한 통제활동 등으로 구성된다.

IT 통제의 평가도 그 개념과 기본적 어프로치는 일반적인 평가와 동일하지만 IT 시스템이 가지고 있는 특성으로 인해 IT 통제에 대한 평가 방법도 독특한 특성을 가질 수 있다는 점을 유념할 필요가 있다.

01

IT 통제

현대의 대다수의 기업들은 다양한 IT 시스템을 통해 업무를 처리하고 있다. IT 시스템을 적극적으로 업무에 도입하는 이유는 인적 오류를 최소화 할 수 있다는 점과 정형화된 복잡한 계산을 정확하고 효율적으로 처리해 낼 수 있다는 장점 때문일 것이다. 이와 같은 장점을 활용하여 IT 시스템을 통해 업무를 수행한다면 재무정보 신뢰성 확보 등의 내부회계관리제도의 목적도 수월하게 달성할 수 있을 것이다. 하지만 IT 시스템에 아무나 접근이 가능하여 누군가에 의해 쉽게 데이터가 왜곡될 수 있거나 갑자기 시스템 자체가 없어져 버릴 수 있다면 아무리 좋은 기능이 있더라도 시스템 자체를 신뢰할 수 없을 것이며 해당 시스템에서 생성된 재무정보 역시도 신뢰할 수 없을 것이다. 결국 신뢰가 기반이 된 상태의 IT 시스템을 사용하기 위해 IT 통제의 설계 및 운영은 매우 중요하다. IT 통제란 내부회계를 위해 IT 시스템을 어떻게 잘 활용하는가, 즉 IT 시스템에 '의한' 통제와 해당 기능을 동작하게 만드는 IT 시스템들의 안전성과 무결성을 확보하는 통제 두 가지를 모두 포함하고 있다. 전자, 즉 IT에 '의한' 통제는 정보기술 자동통제(ITAC)라고 하며 후자, 즉 시스템들의 안전성과 무결성을 확보하는 IT에 '대한' 통제는 정보기술 일반통제(ITGC)라고 한다. 앞서 설명한 것처럼 IT 통제는 IT 자동통제, IT 일반통제로 구분되며 추가로 IT 전사통제도 여기에 포함될 수 있다. IT 전사통제는 전사적 수준 통제의 일부, 즉 전사적 수준 통제 중 IT 분야에 관한 통제라고 할 수 있고, IT 자동통제는 업무 수준 통제의 일부, 즉 업무 수준 통제 중 IT를 이용한 통제라고 할 수 있다. 반면, IT 일반통제는 전사적 수준 통제 및 업무 수준 통제와는 별개의 통제로서 IT 고유의 통제라고 할 수 있으며 통상 정보기술 통제라 하면 정보기술 일반통제를 지칭한다.

① IT 전사통제

IT 전사통제는 IT 자동통제, IT 일반통제의 신뢰성을 보장하기 위해 기반이 되는 IT와 관련된 전사 수준에서 운영되는 통제활동이다. 안정적인 IT 운영을 위해 회사가 관련된 정책을 효과적으로 관리하고 운영하고 있는지 확인하는 통제라고 이해하면 쉽다. 실무상으로는 IT 전사통제를 분리해서 정의하고 평가하기도 하지만, 개념적으로는 위에서 언급한 바와 같이 전사적 수준 통제의 한 부분이라고 볼 수 있다. 대체로 회사의 규모가 크고 업무 범위가 넓을수록 IT에 대한 의존도가 높기 때문에 IT 전사통제가 중요해진다고 볼 수 있다. 아래는 IT 전사통제 활동의 예시이다.

> **예시**
> - IT 서비스 운영을 위한 IT 운영 정책은 수립되고 유지된다.
> - 회사는 IT 전반에 대한 통제활동을 정의하고 운영한다.
> - IT 서비스 운영상 통제 목적 달성을 저해할 수 있는 부정과 발생 가능한 위험을 식별하는 활동을 포함한 위험 평가를 주기적으로 수행한다.
> - 정보보호 관리체계 운영과 관련한 내부통제 운영 결과 발견된 미비점을 개선하기 위한 계획은 수립되고 이행된다.

② IT 자동통제

IT 자동통제(ITAC : IT Automated Control)는 재무제표에 반영되는 데이터의 정확성을 높이기 위한 통제이다. IT 자동통제는 주로 두 가지 역할을 담당한다고 할 수 있는데, 자산 관리 프로세스를 예로 들면 첫 번째는 회사 자산의 감가상각 회계처리를 IT 시스템을 통해 자동화함으로써 사용자 실수 등으로 인한 데이터 왜곡위험을 최소화하는 것이고, 두 번째는 자산 마스터 화면 등 특정 업무화면에 대해 허가된 인원 외의 접근을 제한함으로써 데이터 무결성 및 보안위협을 최소화하는 것이다. 이처럼 IT 자동통제는 업무 수준 통제의 일환이고 직접적으로 재무제표에 영향을 줄 수 있는 통제이다. 결과적으로 업무 프로세스와 관련된 통제를 IT 자동통제로 설계하였다면 회사는 해당 IT 시스템을 내부회계관리제도 평가 및 보고 범위로 선정하고 IT 전사통제 및 IT 일반통제를 설계하고 운영해야 한다. 아래는 IT 자동통제 활동에 대한 예시이다.

예시

- 감가상각 전표생성 실행시 감가상각대상 자산의 내용연수에 따라 감가상각이 자동으로 계산되어 전표가 생성되며 수정이 불가능하다.
- 회사 계좌에 입금된 내역이 펌뱅킹을 통해 시스템에 반영되면 자동으로 연관된 채권의 반제전표가 생성된다.
- 예산을 초과하는 전표 금액의 입력은 불가능하다.

❸ IT 일반통제

IT 일반통제(ITGC : IT General Controls)는 IT 자동통제로 식별된 통제 활동이 계속적으로 유효함을 보증하기 위해 관련 IT 시스템의 무결성을 확보하는 업무 절차에 대한 통제이다. IT 일반통제의 평가 대상은 IT 자동통제를 제공하고 있는 시스템(예 : ERP 시스템, 인사 시스템, 영업 시스템 등 실제 업무가 수행되는 시스템)이지만 한 가지 추가되는 시스템이 있는데 그것은 바로 IT 서포팅 시스템이다. 조금 생소한 개념일 수 있는 IT 서포팅 시스템이란 IT 자동통제를 제공하고 있는 시스템의 IT 일반통제를 위해 활용되는 시스템을 의미하며, 서버 또는 데이터베이스로의 접근을 관리하는 시스템, IT 시스템의 변경 사항을 운영 환경에 배포하는 시스템 등이 대표적이다. 최근에는 비대면 원격 업무가 많아짐에 따라 외부에서 회사망에 접속을 허용해 주는 VPN(Virtual Private Networks : 가상사설망) 시스템까지도 IT 서포팅 시스템에 포함하는 추세이다.

즉, 업무 프로세스의 자동통제(ITAC)가 수행되는 기본 업무용 IT 시스템과 업무용 IT 시스템의 IT 일반통제를 위해 활용되는 지원용 IT 시스템까지가 모두 IT 일반통제의 대상인 것이다.

IT 일반통제 활동으로는 크게 정보기술 인프라 통제활동, 보안관리 프로세스 통제활동, 정보기술의 취득·개발 및 유지보수 프로세스에 대한 통제활동 등을 들 수 있다.[34]

---

34) 설계·운영 적용기법에서는 IT 일반통제를 4개 영역(프로그램 개발, 프로그램 변경, 컴퓨터 운영, 프로그램 및 데이터 접근)으로 구분하여 정의하기도 한다.

(1) 정보기술 인프라 통제활동

정보기술 인프라 통제활동에 대한 설명을 하기 전에 정보기술 인프라가 무엇인지 알아보자. 정보기술 인프라란 IT 서비스 운영과 관리를 위한 필수적인 기반 시설을 의미하며 하드웨어, 소프트웨어, 네트워크 등으로 구성되어 있다. 하드웨어는 서버, 데이터 저장소, 라우터, 스위치와 같은 물리적 장비로 구성되어 있으며 데이터 처리 및 저장, 그리고 다른 기기와의 네트워크 연결을 가능하게 한다. 소프트웨어는 운영체제(OS), 애플리케이션, 데이터베이스 관리 시스템, 보안 솔루션 등을 말하며 사용자가 직접적으로 사용하는 도구이다. 네트워크는 유무선 인터넷 연결 등 다양한 통신을 위한 연결망이다. 정보기술 인프라 통제활동은 이러한 정보기술 인프라에 대한 완전성, 정확성, 지속성이 달성되도록 하는 통제활동을 말한다. 정보기술 인프라 기반에서 회계시스템과 같은 애플리케이션이 작동하기 때문에 애플리케이션을 작동하기 위한 기반 역시도 통제를 구축하는 것이 중요하다. 아래는 정보기술 인프라 통제활동에 대한 예시이다.

- 재무보고에 필요한 데이터, 거래, 프로그램을 복구하기 위한 백업 및 복구절차가 존재하며 주기적으로 복구 테스트를 수행한다.
- DBMS(DataBase Management System) 설정에 대한 변경은 책임자에 의해 검토되어 승인된 이후에만 수행된다.
- Private Cloud 서버 설정에 대한 변경은 책임자에 의해 검토되어 승인된 이후에만 수행된다.

(2) 보안관리 프로세스에 대한 통제활동

보안관리 프로세스에 대한 통제는 쉽게 말해 정보기술 인프라 및 시스템에 누가 어떤 수준으로 접근이 가능한지 적정성을 검토하고 조치하는 통제활동을 말한다. 접근권한 관리에 대한 통제활동은 부적절한 접근권한 부여 및 인가되지 않은 시스템 사용을 방지하며, 업무 분장이 잘 이뤄질 수 있도록 지원해 주는 효과가 있다. 또한 인가되지 않은 사용을 방지함으로써 악의적인 의도 또는 사용자 실수로부터 데이터 및 시스템의 무결성을 보호해 주는 효과도 있을 수 있다. 아래는 보안관리 프로세스에 대한 통제활동에 대한 예시이다.

- IT 시스템, 데이터베이스, 운영체제에 대한 계정 및 권한은 요청시 적격한 부서의 책임자 검토 및 승인 이후 부여된다.
- 퇴사자의 애플리케이션 계정 및 권한은 적시에 회수된다.
- IT 시스템의 관리자 권한은 주기적으로 검토된다.
- IT 시스템, 데이터베이스 및 서버에 대한 접근 권한은 주기적으로 검토된다.

(3) 정보기술의 취득, 개발 및 유지보수 프로세스에 대한 통제

정보기술을 취득하거나 개발, 유지보수하는 절차들에 대해서도 통제를 수립해야 하며 이를 통해 IT 시스템의 데이터와 정보가 왜곡되지 않도록 관리해야 한다. 여기에서 취득 또는 개발했다고 하는 의미는 신규로 IT 시스템을 도입했다고 말하는 것과 같은 의미일 수 있다. 이렇게 신규 IT 시스템을 도입하기 위해서는 보통 프로젝트를 진행하게 되는데 이때 프로젝트 단계마다 지켜야 할 절차들이 잘 준수되었는지 확인하는 통제활동들을 설계할 필요가 있다. 프로젝트 단계마다 지켜야 할 절차들은 회사의 사규 또는 정책에 사전 반영해 두는 것이 좋다. 아래는 프로젝트 단계별 준수 내용 점검표 예시이다.

표 6-1 IT 프로젝트 점검표 예시

단계	관련 문서	승인/합의
프로젝트 개시	– 개발 품의서 ※ 개발 의뢰서, 도입요청서 등	① 품의 : 발주부서 ② 합의 : CIO(IT기획부서) 　　　　　정보보호부서
승인 프로젝트 착수 전	– 프로젝트 계획서 ※ 일정계획, 업무 범위, 수행 인원, R&R, 　단계별 일정관리, 단계별 산출물 등	① 작성 : 프로젝트 수행부서 ② 승인 : 프로젝트매니저
프로젝트 진행 관리	– 요구사항 정의서 ※ 표준화된 양식, 구체적 기능 명시	① 작성 : 프로젝트 수행부서 ② 승인 : 발주 부서장
	– IT 요건 정의서 ※ 요구사항 정의서, 개발 공수/계획 포함	① 작성 : 프로젝트 수행부서 ② 승인 : 프로젝트매니저
	– 단위테스트, 통합테스트 시나리오 계획	① 작성 : 프로젝트 수행부서 ② 승인 : 프로젝트매니저
	– 단위테스트, 통합테스트 결과서 ※ 이슈 내역 해결 포함	① 작성 : 프로젝트 수행부서 ② 승인 : 프로젝트매니저
	– 인수 테스트 결과서 ※ 이슈 해결된 최종본	① 작성 : 프로젝트 수행부서 ② 승인 : 프로젝트매니저
	– 운영 이관 前 테스트 결과서 ※ 정보보호 이슈 검토 포함	① 작성 : 프로젝트 수행부서 ② 승인 : 프로젝트매니저 　　　　　정보보호부서
데이터 이관	– 데이터 이관 계획서	① 작성 : 프로젝트 수행부서 ② 승인 : 전산 부서장/ 　　　　　발주 부서장
	– 데이터 이관 결과서 ※ 데이터 완전성, 정합성 결과	① 작성 : 프로젝트 수행부서 ② 승인 : 프로젝트매니저
교육	– 사용자 매뉴얼, 사용자 교육자료	프로젝트매니저 감독 하 수행
프로젝트 완료	– 완료보고서 ※ 단계별 산출물, 이슈 해결 여부 확인	① 작성 : 프로젝트 수행부서 ② 승인 : 발주 부서장 ③ 합의 : CIO(IT기획부서)

유지보수란 회사에서 이미 구축되어 운영하고 있는 IT 시스템의 안정적인 운영을 보장하고 시스템의 성능을 최적화하기 위해 수행되는 다양한 활동을 의미한다. 또한 사용자들이 시스템을 올바르게 사용할 수 있도록 돕는 활동의 의미도 포함한다. 유지보수의 주요 작업으로는 버그 수정 및 사용자 편의성 향상을 위한 기능 개선, 장애 예방 및 관리, 성능 최적화 및 모니터링 등을 예로 들 수 있다. 위의 주요 작업 항목들을 살펴보면 앞서 언급한 인프라 관리 통제나 보안 관리 통제보다 IT 시스템에 직접적으로 영향을 주는 활동들이라고 느껴질 수 있을 것 같다. 실제로도 IT 일반통제에 대한 평가를 진행할 때 정보기술의 취득, 개발 및 유지보수 프로세스에 대한 통제 수립을 가장 중요하게 생각해도 무방하다고 생각한다. 그렇다면 정보기술의 취득, 개발 및 유지보수 프로세스에는 어떤 통제들이 필요할까. 아래는 통제활동들에 대한 예시이다.

예시

- **(취득 및 개발)** 운영으로의 이관은 테스트 결과 승인을 득한 경우에만 실행되며 프로젝트매니저의 승인을 득한 후에 배포가 되고 실제 이관은 지정된 권한자에 의해서만 실행된다.
- **(취득 및 개발)** 프로젝트매니저는 단계별 산출물과 이슈사항에 대한 최종문서가 존재하는지 확인하고 프로젝트 종료보고서를 작성하여 CIO(IT총괄책임자)의 최종 승인을 득한다.
- **(유지보수)** 프로그램 변경 요청은 그 적절성이 검토되어 개발되며 개발 이후 기능 및 사용자 테스트를 통해 검증된 프로그램만이 책임자의 검토 및 승인을 통해 제한된 이관자에 의해 운영 환경에 배포된다.
- **(유지보수)** 데이터 직접 변경은 사용자의 요청에 의해서만 수행되며 적격한 책임자의 승인 이후에 정확하게 수행되어야 한다.

02 IT 통제 평가 및 미비점 대응

❶ IT 전사통제의 평가

IT 전사통제의 경우 앞서 설명한 것처럼 안정적인 IT 운영을 위해 회사가 효과적으로 정책을 관리하고 운영하고 있는지 확인하는 통제이다. 따라서 IT 전사통제 평가는 대부분 주기적으로 IT 운영 정책 업데이트 사항을 확인하거나 지속적으로 정책이 유효하게 작동하고 있는지 점검하는 형태로 평가하게 된다. 아래는 IT 전사통제 통제활동에 대한 평가하는 방식의 예시이다.

표 6-2 IT 전사통제 통제활동 및 평가 예시

구분	내용
통제활동	• IT 서비스 운영을 위한 IT 운영 정책은 수립되고 유지된다. • 회사는 IT 전반에 대한 통제활동을 정의하고 운영한다.
평가방식	• 평가기간 동안 IT 운영정책 또는 관련 사규 변경사항이 존재하는지 확인하고 적격한 승인자에 의해 승인되었으며 직원들이 확인할 수 있도록 게시되었는지 평가한다.

IT 전사통제 평가를 수행하는 동안 미비점을 발견하였다면 먼저 해당 리스크를 다른 방식으로 해소 가능하도록 활동한 사항이 있는지와 평가 기간 동안 통제활동이 실제적으로 작동이 필요했는지 등을 추가적으로 확인해 보면 좋다. 예를 들면 통제활동 설명이 'IT 운영정책을 업데이트 하여 기획팀의 승인을 받는다'라고 되어 있는 경우 실질적으로 기획팀의 승인 받은 내역은 없더라도 IT 정책 변경사항이 있는지 확인한 이력을 확보하여 '변경이 필요한 사항이 없으므로 승인 절차를 수행하지 않았다'는 형태로 평가를 할 수도 있다. 이처럼 IT 전사통제의 경우 일부 미비한 사항이 발생하더라도 직접적으로 재무보고 신뢰성에 영향을 주지는 않기 때문에 보완적인 다른 절차를 찾아서 수행 여부를 확인하고 이를 종합적으로 고려하여 내부통제의 적정성을 평가할 수 있다는 점에서 다른 IT 통제 항목들보다 통제 운영이 수월할 수 있다. IT 전사통제의 경우 대체로 즉각적으로 처리되는 항목들이 아니기 때문에 당해 사업연도 내에 치유하는 목표를 가지고 개선해 나가는 것이 중요하다.

② IT 자동통제의 평가

IT 자동통제는 IT 통제이기도 하지만 재무보고 신뢰성에 직접적으로 영향을 주는 업무 수준 통제이다. 따라서 IT 전사통제나 IT 일반통제가 효과적으로 작동하고 있다고 해도 IT 자동통제가 미비하다면 직접적으로 내부 통제의 미비 사항이라고 판단될 가능성이 크다. IT 자동통제는 앞서 설명한 것처럼 재무정보 처리 업무를 시스템을 통해 자동화한 기능이, 평가하는 시점 또는 사업연도 말까지 계속적으로 유효한지 확인하는 통제이다.

IT 자동통제가 유효한지는 보통 세 가지 방법으로 평가할 수 있다. 첫 번째로는 자동화 처리 로직이 적정한지 평가하는 것이다. 이는 IT 부서의 도움을 받아 프로그래밍 로직을 직접 확인하고 그 기능에 대해 설명을 듣는 방식으로 수행할 수도 있고, 특정 데이터를 입력하면 정해진 로직에 따라 처리되어 원하는 데이터 결과가 도출되는지 재수행을 통해 평가할 수도 있다.

두 번째는 해당 로직의 변경사항을 추적하면 된다. 평가기간 동안 자동 처리 로직이 변경사항이 있었는지 이력을 확인하고 변경 사항이 존재하는 경우 적절한 요청 및 승인이 있었는지 확인하면 된다. 만약, 주요 프로그램 로직이 변경되었다면 통제활동 변경이 필요한지 등의 영향도를 검토해 보아야 한다.

마지막으로 1건 정도 샘플링하여 재수행하거나 수행된 결과를 수기로 계산한 것과 일치하는지 검증해 보아야 한다. 상기 세 가지 방법을 모두 사용해야 할 통제도 있고 일부만 활용해도 충분한 통제도 있으므로 이는 통제항목별로 충분한 평가가 이루어지는데 적절한 평가 방법을 검토하여 선택하면 된다.

IT로 자동화된 업무의 경우 정해진 룰에 의해 반복적으로 처리되도록 설계되어 있기 때문에 여러 건의 샘플링 및 증빙이 불필요하며 단 1건의 증빙 확인을 통해서도 통제의 효과성을 증명할 수 있다. 아래는 IT 자동통제를 평가하는 방법에 대한 예시이다.

표 6-3 **IT 자동통제 통제활동 및 평가 예시**

구 분	내 용
통제활동	예산을 초과하는 전표 금액의 입력은 불가능하다.
평가방식	(1) 예산 통제 로직이 적정하게 개발되어 있는지 확인한다. (IT부서 협조) (2) 예산 통제 로직의 변경사항이 있는지 프로그램 변경 이력을 확인한다. (3) 전표 처리시 예산 통제 로직이 정상적으로 작동하는지 1건 테스트한다.

IT 자동통제에 대한 평가 진행 중 미비사항을 발견하였다면 어떻게 대응해야 할까? IT 자동통제는 재무정보 처리에 직접적으로 영향을 주고 있기 때문에 해당 통제의 미비사항은 감사의견에 영향을 줄 수 있다는 점을 이해해야 한다. 결국 IT 자동통제가 미비하다고 판단하게 된다면 자동통제가 유효하지 않은 시점에 발생한 관련 재무 정보를 모두 찾아내어 특이사항이 없는지 별도로 평가하는 것이 매우 중요하다. 이를 수월하게 하기 위해서 IT 자동통제가 언제까지 유효했는지와 현 시점에는 유효한지를 파악하는 것이 중요하다.

예를 들어, 평가 시점에 예산 통제 로직이 제대로 작동하지 않는 것을 확인하게 되었다면 언제 시점 이후로 해당 자동 통제가 유효하지 않았는지 먼저 파악하고 즉시 조치하도록 유관부서에 협조를 요청해야 한다. 그 다음은 자동 통제가 유효하지 않은 기간 동안 발생한 처리 건에 대해 예산 통제 범위를 벗어난 항목들을 찾아내야 한다. 만약 예산 통제 범위를 벗어난 항목들이 없다고 확인하게 된다면 단순한 미비 또는 단순 개선사항 정도로 처리될 수 있을 것이다.

하지만 예외 건들이 발생하였다면 재무정보가 정확하게 생성되었는지 수기로 재무제표 또는 관련 전표들을 검증해 보아야 한다. 이처럼 IT 자동통제는 미비 발생시 유의적인 미비나 중요한 취약점으로까지 감사의견이 생성될 수 있기 때문에 변화 사항에 대해 주기적으로 확인하는 프로세스를 운영하는 것이 효과적이며, 변경이 발생하기 전에 내부회계관리 전담부서와 협의할 수 있는 체계를 갖추는 것이 중요하다.

❸ IT 일반통제의 평가

IT 일반통제는 IT 자동통제가 지속적으로 유효하다는 것을 보장하기 위해 관련 IT 시스템의 무결성을 확보하는 업무 절차에 대한 통제이다. 쉽게 말하자면 IT 자동통제 항목에 대해 매일, 매분, 매초마다 정상적으로 작동하고 있는지 확인하지 않더라도 해당 IT 시스템은 안전하고 정확하게 관리되고 있으므로 지속적으로 유효하다는 것을 신뢰할 수 있게 해주는 통제활동이라고 보면 된다.

따라서 IT 일반통제의 통제항목들은 IT 시스템을 안전하고 정확하게 잘 관리하고 있는지 확인한다는 마음으로 평가하면 된다. IT 일반통제의 경우 IT 전사통제나 IT 자동통제와 다르게 모집단과 샘플링이 존재한다. 예를 들면 프로그램 변경 및 운영 이관 목록이나, 데이터 직접 변경 이력, 슈퍼유저(Super User: 권한 부여, 프로그램 배포, 데이터 변경 등의 특수 권한을 보유한 사용자) 생성 이력 등이 모집단이 될 수 있다. 이때 IT 일반통제는 모집단 수에 맞는 샘플링을 통해 적격한 승인자의 승인을 득하였는지와 승인 이후에 요청사항이 처리되었는지를 확인해야 한다. 아래는 IT 일반통제 통제활동 및 평가 예시이다.

표 6-4 **IT 일반통제 통제활동 및 평가 예시**

구분	내용
통제활동	프로그램 변경 요청은 그 적절성이 검토되어 개발되며 개발 이후 기능 및 사용자 테스트를 통해 검증된 프로그램만이 책임자의 검토 및 승인을 통해 제한된 이관자에 의해 운영 환경에 이관된다.
평가방식	평가기간 동안 운영 환경에 이관된 프로그램 변경 이력을 확보한다. 샘플링된 변경 이력에 대해 적절한 요청 여부, 사용자 테스트 수행 여부, 책임자 승인 여부, 적격한 배포이관자의 배포 여부, 승인 이후 이관 여부 등을 평가한다.

IT 일반통제 평가 수행 중 미비점을 발견하였다면 먼저 샘플링 사이즈를 확대하여 평가를 진행해 보는 것이 중요하다. IT 자동통제와 같이 직접적으로 재무정보에 영향을 주는 것은 아니라 IT 운영 품질에 대해 신뢰를 얻고자 하는 것이 중요하기 때문이다. 따라서, 미비점이 발견된 통제활동은 추가적으로 더 많은 수의 샘플을 추출하여 테스트하고 합리적인 확신을 얻도록 해야 한다.

만약, 추가적인 샘플링 항목이 부족하거나 샘플링 사이즈를 확대하여 평가했는데도 예외사항이 발견된다면 해당 IT 시스템을 신뢰할 수 없는 상황에 이르게 되어 해당 IT 시스템을 활용하고 있는 IT 자동통제들도 신뢰할 수 없다는 결론에 이를 수 있다. 따라서 회사는 IT 일반통제 일부 항목에는 예외가 발생하였지만 IT 자동통제에는 직접적인 영향이 없었다는 것을 증명하는 데 최선을 다하여야 한다. 이를 위해 IT 일반통제 미비 사항이 IT 자동통제에 실질적으로 어떤 영향을 주었는지 추가적으로 분석하는 것이 중요하다.

IT 통제 평가 대상 시스템의 선정

정보기술 통제(IT 통제)의 목표, 적용 범위, 평가 방법 등에 대해 살펴보았다. 원칙적으로는 회사가 보유한 모든 IT 시스템은 IT 통제가 설계되어 있고 효과적으로 운영되어야 한다. 하지만, 평가 대상의 범위를 어디까지 할지는 또 다른 실무적 문제이다. 내부회계관리제도 목적의 IT 시스템의 평가 대상이 되면 (1) 내부 평가 및 외부감사를 실시하기 위해 상당한 규모의 인적, 물적 자원을 투입해야 하며, (2) 만에 하나 통제 실패가 있을 경우 회사의 자율적인 개선 조치 수준을 넘어서 회사의 통제 실패가 대외적인 공시 대상이 될 수 있다.

따라서 회사가 회사 전반적인 IT 시스템에 내부통제를 적용하는 것과 별개로 내부회계관리제도의 평가 대상 시스템으로 선정할지 여부는 별도의 검토가 필요한 부분이다. 그렇다면 어떤 시스템이 내부회계관리제도 목적의 IT 통제 평가 대상 시스템이 되는가?

일반적으로 내부회계관리를 위한 업무 수준 통제에서 식별한 통제활동 중 IT 시스템에 의존하여 수행하는 자동 통제(ex. 접근제한 통제, 자동 계산 통제, 인터페이스 통제 등)가 수행되는 시스템이 바로 내부통제 대상 시스템이 되는 것이다. 매출 프로세스와 관련된 영업 시스템, 인사 프로세스와 관련된 인사 시스템, 재무보고 및 결산을 위한 회계 시스템 등이 대표적인 시스템이다. IT 기반으로 업무를 자동화하여 통제하는 경우 인적 판단 및 오류의 영향을 덜 받기 때문에 일반적으로 수작업보다는 신뢰성이 높으며 더 효율적이라고 볼 수 있다.

하지만 IT 기반의 자동화된 업무 수준 통제활동을 정교하게 운영하고, 이렇게 운영되는 IT 시스템에 대한 내부통제를 실시하고 평가하는 것은 상당한 인적 물적 투자를 필요로 하게 된다. 따라서 회사에서는 회사의 경영 현황에 맞게 투입 가능한 자원과 효율을 고려하여 IT 의존도를 결정해야 하며 이를 통해 IT 통제 범위를 명확하게 설정해야 한다.

만약 재무보고와 관련된 업무 수행시 IT 시스템에 의존하는 정도가 낮거나 회사가 사용하는 IT 시스템의 복잡도가 낮을 경우에는 무리하게 자동 통제를 설계하는 것보다는 시스템에서 산출된 자료의 정확성을 확인하는 수동 통제를 통해 내부회계관리제도를 설계하고 운영하는 것이 더욱 효과적일 수도 있다. 수동 통제로 통제 절차를 설계하여 운영하는 경우 IT 시스템을 활용하여 업무를 수행하더라도 해당 IT 시스템은 IT 통제의 범위에서 제외할 수 있다.

요약하면 내부회계관리제도의 평가 대상 시스템으로 선정될 경우 IT 통제의 구축 및 운영, 평가 및 외부감사, 공시 의무 등 회사에 발생하는 부담이 적지 않으므로 설계된 업무 프로세스 통제를 면밀히 검토하여 적정 범위를 선정하고 연초에 외부감사인과도 선정된 평가 대상 시스템에 대해 충분한 협의를 해두어야 한다.

제7장

운영실태 및 평가 보고

회사는 내부회계관리제도가 잘 설계되고 운영되고 있는지 평가하고 미비점이 있으면 이를 개선하는 활동을 연간 단위로 수행하여, 대표이사는 '운영실태보고서'라는 형식으로 이사회와 감사(위원회) 및 주주에게 보고하고, 이에 더하여 감사(위원회)는 독자적으로 내부회계관리 운영상황을 평가하여 '운영실태평가보고서'라는 형식으로 이사회에 보고한다.

상장회사 등 사업보고서 제출 대상 법인은 운영실태보고서와 운영실태평가보고서 모두를 공시하고 그 외 비상장회사는 운영실태보고서만을 공시한다.

이제 마지막으로 회사는 연간 내부회계관리제도를 운영한 결과를 운영실태보고서로 정리하여 이사회, 감사(위원회) 및 주주에게 보고해야 하고, 회사의 감사 기구는 회사의 운영실태 보고가 적절한지 평가하여 보고서로 정리한 후 이사회 및 주주에게 보고하여야 한다.

연간의 평가 내역에 대한 보고서라고 생각하면 방대한 분량이 아닐까 걱정도 되겠지만 해당 보고서를 감사보고서나 사업보고서에 첨부해서 공시를 해야 하다 보니 한장 분량 수준으로 압축한 양식을 금감원에서 제시하고 있어 해당 양식을 참고하여 작성하면 된다.

물론 실무에서는 금감원 양식은 서명용으로 활용하고, 실제로 대표이사나 내부회계관리자, 이사회 등에 보고하는 운영실태 보고 내용은 이보다 더 상세할 것이다.

01

회사의 운영실태보고서

운영실태보고서는 기본적으로 중요한 취약점이 있는 경우와 없는 경우로 나뉜다. 이와는 별개로 일부 사업 단위를 평가 대상에서 제외한 경우에는 이에 대한 내용을 추가로 기재하여야 한다. 각 경우에 대해 살펴보자.

1 중요한 취약점이 없는 경우

회사가 한해 동안 내부회계관리제도 운영을 잘 마무리 했다는 의미로, 이 경우는 특별히 첨부하거나 유의할 사항 없이 아래와 같이 작성하도록 한다.

그림 7-1 운영실태보고서 양식(중요한 취약점이 없는 경우)

××주식회사 주주, 이사회 및 감사(위원회) 귀중

본 대표이사 및 내부회계관리자는 20××년 ×월 ×일 현재 동일자로 종료하는 회계연도에 대한 당사의 (연결)내부회계관리제도의 설계 및 운영실태를 평가하였습니다.

(연결)내부회계관리제도의 설계 및 운영에 대한 책임은 본 대표이사 및 내부회계관리자를 포함한 회사의 경영진에 있습니다.

본 대표이사 및 내부회계관리자는 회사의 (연결)내부회계관리제도가 신뢰할 수 있는 (연결)재무제표의 작성 및 공시를 위하여 (연결)재무제표의 왜곡을 초래할 수 있는 오류나 부정행위를 예방하고 적발할 수 있도록 효과적으로 설계 및 운영되고 있는지의 여부에 대하여 평가하였습니다.

본 대표이사 및 내부회계관리자는 (연결)내부회계관리제도의 설계 및 운영을 위해 내부회계관리 제도운영위원회에서 발표한 '내부회계관리제도 설계 및 운영 개념체계(다른 체계를 사용한 경우 그 체계의 명칭)'를 준거기준으로 사용하였습니다. 또한 (연결)내부회계관리제도의 설계 및 운영 실태를 평가함에 있어 「외부감사 및 회계 등에 관한 규정 시행세칙」 별표 6 '내부회계관리제도 평가 및 보고 기준'을 평가기준으로 사용하였습니다.

본 대표이사 및 내부회계관리자의 (연결)내부회계관리제도 운영실태 평가결과, 20××년 ×월 ×일 현재 당사의 (연결)내부회계관리제도는 '내부회계관리제도 설계 및 개념체계(다른 체계를 사용한 경우 그 체계의 명칭)'에 근거하여 볼 때, 중요성의 관점에서 효과적으로 설계되어 운영되고 있다 고 판단됩니다.

본 대표이사 및 내부회계관리자는 보고내용이 거짓으로 기재되거나 표시되지 아니하였고, 기재 하거나 표시하여야 할 사항을 빠뜨리고 있지 아니함을 확인하였습니다.

또한 본 대표이사 및 내부회계관리자는 보고내용에 중대한 오해를 일으키는 내용이 기재되거나 표시되지 아니하였다는 사실을 확인하였으며, 충분한 주의를 다하여 직접 확인·검토하였습니다.

(붙임)
◦ 직전 사업연도에 보고한 중요한 취약점의 시정조치 계획 이행결과
◦ 횡령 등 자금 관련 부정위험에 대응하기 위해 회사가 수행한 내부통제 활동

20××년 ×월 ×일
대표이사 × × × (인)
내부회계관리자 × × × (인)

❷ 중요한 취약점이 있는 경우

미비점은 크게 세 가지로 나뉘지만 보고서에 기재되는 것은 중요한 취약점만이다. 중요한 취약점이 식별된 경우 회사는 아래 사항을 보고서에 붙임으로 작성해야 한다.

- 중요한 취약점에 대한 상세 평가내용
  - 중요한 취약점을 발생시킨 통제 미비점의 원인을 이해하고 각각의 중요한 취약점의 잠재적인 영향을 평가할 수 있는 정보
  - 중요한 취약점과 관련하여 내부회계관리규정을 위반한 임직원의 징계 내용 등을 포함

또한 이 경우, 차년도에는 "직전 사업연도에 보고한 중요한 취약점의 시정조치 계획 이행결과"에 대해 보고하여야 한다.

그림 7-2 운영실태보고서 양식(중요한 취약점이 있는 경우)

××주식회사 주주, 이사회 및 감사(위원회) 귀중

본 대표이사 및 내부회계관리자는 20××년 ×월 ×일 현재 동일자로 종료하는 회계연도에 대한 당사의 (연결)내부회계관리제도의 설계 및 운영실태를 평가하였습니다.

(연결)내부회계관리제도의 설계 및 운영에 대한 책임은 본 대표이사 및 내부회계관리자를 포함한 회사의 경영진에 있습니다.

본 대표이사 및 내부회계관리자는 회사의 (연결)내부회계관리제도가 신뢰할 수 있는 (연결)재무제표의 작성 및 공시를 위하여 (연결)재무제표의 왜곡을 초래할 수 있는 오류나 부정행위를 예방하고 적발할 수 있도록 효과적으로 설계 및 운영되고 있는지의 여부에 대하여 평가하였습니다.

본 대표이사 및 내부회계관리자는 (연결)내부회계관리제도의 설계 및 운영을 위해 내부회계관리제도운영위원회에서 발표한 '내부회계관리제도 설계 및 운영 개념체계(다른 체계를 사용한 경우 그 체계의 명칭)'를 준거기준으로 사용하였습니다. 또한 (연결)내부회계관리제도의 설계 및 운영실태를 평가함에 있어 「외부감사 및 회계 등에 관한 규정 시행세칙」 별표 6 '내부회계관리제도 평가 및 보고 기준'을 평가기준으로 사용하였습니다.

본 대표이사 및 내부회계관리자의 (연결)내부회계관리제도 운영실태 평가결과, 20××년 ×월 ×일 현재 당사의 (연결)내부회계관리제도는 다음과 같은 중요한 취약점으로 인해 '내부회계관리제도 설계 및 운영 개념체계(다른 체계를 사용한 경우 그 체계의 명칭)'에 근거하여 볼 때, 중요성의 관점에서 효과적으로 설계되어 운영되고 있지 않다고 판단됩니다.

〈중요한 취약점의 내용〉
〈중요한 취약점에 대한 시정조치 계획
(내부회계관리제도에 대한 감리를 받은 경우에는 그 감리에 따른 시정조치 계획을 포함)〉

본 대표이사 및 내부회계관리자는 보고내용이 거짓으로 기재되거나 표시되지 아니하였고, 기재하거나 표시하여야 할 사항을 빠뜨리고 있지 아니함을 확인하였습니다.

또한 본 대표이사 및 내부회계관리자는 보고내용에 중대한 오해를 일으키는 내용이 기재되거나 표시되지 아니하였다는 사실을 확인하였으며, 충분한 주의를 다하여 보고 내용의 기재사항을 직접 확인·검토하였습니다.

(붙임)
◦ 중요한 취약점에 대한 상세평가내용
　－ 중요한 취약점을 발생시킨 통제 미비점의 원인을 이해하고 각각의 중요한 취약점의 잠재적인 영향을 평가할 수 있는 정보
　－ 중요한 취약점과 관련하여 내부회계관리규정을 위반한 임직원의 징계 내용 등을 포함
◦ 직전 사업연도에 보고한 중요한 취약점의 시정조치 계획 이행결과
◦ 횡령 등 자금 관련 부정위험에 대응하기 위해 회사가 수행한 내부통제 활동

20××년 ×월 ×일

대표이사 × × × (인)

내부회계관리자 × × × (인)

3 일부 사업단위를 평가 대상에서 제외한 경우

기중 합병이나 분할 등으로 기중 연간 평가가 어려운 사업단위가 있을 수 있다. 그러한 경우 회사는 보고서에 평가 제외 사유를 공시하여야 한다. 제외 사유는 간략하게 기재하되, 제외된 사업단위가 재무제표상 차지하는 비율은 구체적으로 기재한다.

그림 7-3 운영실태보고서 양식(일부 사업단위를 평가 대상에서 제외한 경우)

××주식회사 주주, 이사회 및 감사(위원회) 귀중

본 대표이사 및 내부회계관리자는 20××년 ×월 ×일 현재 동일자로 종료하는 회계연도에 대한 당사의 (연결)내부회계관리제도의 설계 및 운영실태를 평가하였습니다.

(연결)내부회계관리제도의 설계 및 운영에 대한 책임은 본 대표이사 및 내부회계관리자를 포함한 회사의 경영진에 있습니다.

본 대표이사 및 내부회계관리자는 회사의 (연결)내부회계관리제도가 신뢰할 수 있는 (연결)재무제표의 작성 및 공시를 위하여 (연결)재무제표의 왜곡을 초래할 수 있는 오류나 부정행위를 예방하고 적발할 수 있도록 효과적으로 설계 및 운영되고 있는지의 여부에 대하여 평가하였습니다.

본 대표이사 및 내부회계관리자는 (연결)내부회계관리제도의 설계 및 운영을 위해 내부회계관리제도운영위원회에서 발표한 '내부회계관리제도 설계 및 운영 개념체계(다른 체계를 사용한 경우 그 체계의 명칭)'를 준거기준으로 사용하였습니다. 또한 (연결)내부회계관리제도의 설계 및 운영 실태를 평가함에 있어 「외부감사 및 회계 등에 관한 규정 시행세칙」 별표 6 '내부회계관리제도 평가 및 보고 기준'을 평가기준으로 사용하였습니다.

본 대표이사 및 내부회계관리자의 (연결)내부회계관리제도 운영실태 평가결과, 20××년 ×월 ×일 현재 당사의 (연결)내부회계관리제도는 '내부회계관리제도 설계 및 운영 개념체계(다른 체계를 사용한 경우 그 체계의 명칭)'에 근거하여 볼 때, 중요성의 관점에서 효과적으로 설계되어 운영되고 있다고 판단됩니다.

당사는 (평가 제외 사유 공시 : *평가기준일 현재 합병일로부터 1년이 경과하지 않아 내부회계관리제도 평가를 현실적으로 수행하기 어려운*) 피합병부문인 ××주식회사 부문(합병기준일 20××년 ×월 ×일, 평가기준일 현재 자산총액 및 매출액은 ×원 및 ×원, 합병 후 자산총액 및 매출액의 ×% 및 ×%에 해당)을 내부회계관리제도 평가 대상에서 제외하였습니다.

본 대표이사 및 내부회계관리자는 보고내용이 거짓으로 기재되거나 표시되지 아니하였고, 기재하거나 표시하여야 할 사항을 빠뜨리고 있지 아니함을 확인하였습니다.

또한 본 대표이사 및 내부회계관리자는 보고내용에 중대한 오해를 일으키는 내용이 기재되거나 표시되지 아니하였다는 사실을 확인하였으며, 충분한 주의를 다하여 직접 확인·검토하였습니다.

(붙임)
◦ 직전 사업연도에 보고한 중요한 취약점의 시정조치 계획 이행결과
◦ 횡령 등 자금부정 위험에 대응하기 위해 회사가 수행한 내부통제 활동

20××년 ×월 ×일
대표이사 × × × (인)
내부회계관리자 × × × (인)

④ 기타 : 횡령 등 자금부정 위험에 대응하기 위해 회사가 수행한 내부통제 활동

금융감독원은 2025년부터 순차적으로 상장 및 비상장 회사들이 내부회계관리제도 운영실태보고서에 횡령 등 자금부정을 예방 적발하기 위한 통제활동을 기재하도록 작성 지침을 마련하였다.

해당 부분과 관련하여서는 제8장 부정 방지 프로그램을 참고하도록 한다.

02

감사기구의 평가보고서

외부감사법 제8조 제5항에 의거하여, 회사의 운영실태보고에 대해서 감사(위원회)는 독립적으로 평가를 수행하여 적절성에 대한 결론을 내고 이사회에 사업연도마다 보고해야 하며, 평가보고서는 해당 회사의 본점에 5년간 비치하여야 한다.

❶ 평가 방법

회사가 수행한 내부회계관리제도를 가장 완벽하게 평가하는 방법은 연중 회사가 내부회계관리제도 운영을 위해 수행한 모든 절차를 동일하게 재수행하거나 회사의 모든 증빙을 전수 조사하면서 오류나 미비점이 없는지 확인하는 것이다.

하지만 실무적으로는 상근 감사인 경우를 제외하면 감사 또는 감사위원이 연중 상시적으로 회사의 내부회계관리제도 운영 현황을 감독하고 운영실태보고가 적절하게 되었는지 확인하기는 쉽지 않을 것이다. 앞서 기술한 제1장~제6장까지의 회사의 제도 운영 및 평가 내역을 전부 독립적으로 평가하려면 물리적으로 불가능할 것이다. 이 때 제일 좋은 방법은 유수의 금융회사가 운영하는 바와 같이 감사(위원회) 산하의 지원 조직을 만들고 해당 조직에서 평가를 수행하는 것이 가장 독립성과 전문성을 확보하는 방안이지만 상당히 많은 회사들의 경우 회사 자원의 효율적 활용 측면에서 어려울 수 있다.

따라서 '평가 및 보고 가이드라인'에서는 필요에 따라 감사(위원회)는 경영진의 평가와 관련된 자료를 근거로 평가 절차를 수행할 수 있다고 기술하고 있다. 즉, 감사(위원회)가 직접 모든 통제를 일일이 평가하지 않더라도 경영진의 내부회계관리제도 운영실태 보고를 위한 통제 설계 및 운영 평가를 수행한 조직이 작성한 평가 계획, 수행 절차 및 결과 등을 충분히 관리·감독하였다면 감사(위원회)가 독립적으로 내부회계관리제도 운영실태를 평가한 것으로 판단할 수 있다.

다만, 이러한 경우에 평가의 독립성 및 객관성 확보를 위하여 평가조직의 독립성을 확보할 수 있는 방안을 마련하거나 조직 내 경영진의 평가에 참여한 인원과 감사(위원회) 평가에 참여한 인원을 분리하는 등의 추가적인 방안을 마련할 필요가 있다.

감사(위원회) 평가시에는 아래 항목을 확인한다.

가) 평가 대상 계정 과목이나 사업 단위를 선정하는 과정이 체계적이고 적절하고 그 결과도 합리적인지 설계 평가 및 운영 평가의 범위나 시기가 연간 내부회계관리제도 운영을 위해 적절한지, 내부회계관리제도의 평가를 담당하는 인력들이 전문성이나 독립성 측면에서 적절한지 등을 포함하여 전반적인 평가 계획이 적정했는지 검토를

수행하여야 한다.

나) 회사의 경영진이 회계정보의 작성·공시과정에 부당하게 개입할 수 없도록 내부회계관리제도가 촘촘하고 효과적으로 설계되어 운영되는지를 평가하여야 하며, 문서화된 자료, 평가 수행 결과 자료, 외부감사인의 감사의견 등을 참고한다.

다) 대표자가 보고한 내부회계관리제도 운영실태보고서가 다음 세 가지 내용을 잘 반영하였는지 평가하여야 한다.

　(1) 중요한 취약점이 발생한 사실이 있다면 운영실태보고서에 포함되었는지

　(2) 운영실태보고서에 기재된 개선 조치 계획이 적정하고 실제 이행되었는지

　(3) 운영실태보고서상 기타 항목(부정 방지 통제 공시 등)이 적절하게 되었는지

라) 내부회계관리규정 위반이나 운영실태보고서상 미비점이 있는 경우 관련 임직원에 대한 성과평가 반영 계획이나 결과가 적정한지 확인해야 한다.

마) 외부감사인의 내부회계관리제도 감사 계획 및 결과를 보고받고 적정하게 수행되었는지 확인하여야 한다.

바) 내부회계관리제도에 대한 회사의 설계 및 운영 평가 결과(미비점이 있는 경우 미비점 개선 계획 및 결과 포함)가 이사회에 정확하게 보고되었는지 확인하여야 한다.

사) 내부신고제도를 통해 접수된 신고 사항 중 회계 부정 또는 내부회계관리제도 위반 건이 없는지 점검하여야 한다.

② 평가보고서

감사(위원회)도 경영진과 동일하게 회사의 내부회계관리제도가 효과적인지 비효과적인지에 대한 결론을 내야 하며 평가보고서를 작성해야 한다. 감사(위원회)의 평가보고서는 중요한 취약점이 없는 경우와 있는 경우 두 가지로 나뉘어지고, 이 역시 금감원에서 제시하는 양식을 참고하여 작성하면 된다. 2025년부터 내부회계관리제도 운영실태 평가를 위한 경영진과의 대면 협의 및 자금 관련 부정위험에 대한 감사인과의 의사소통 내역을 기재하도록 추가되었는데, 이는 금융감독원이 감사(위원회)가 충분한 관리·감독 의무를 이행하였는지 확인하기 위한 취지로 보인다.

- 중요한 취약점이 없는 경우

> **그림 7-4** 운영실태 평가보고서 양식(중요한 취약점이 없는 경우)

××주식회사 **이사회 귀중**

본 감사(위원회)는 20××년 ×월 ×일 현재 동일자로 종료하는 회계연도에 대한 당사의 (연결)내부회계관리제도의 설계 및 운영실태를 평가하였습니다.

내부회계관리제도의 설계 및 운영에 대한 책임은 본 대표이사 및 내부회계관리자를 포함한 회사의 경영진에 있으며 본 감사(위원회)는 관리감독 책임이 있습니다.

본 감사(위원회)는 대표이사 및 내부회계관리자가 본 감사(위원회)에게 제출한 (연결)내부회계관리제도 운영실태보고서를 참고로, 회사의 (연결)내부회계관리제도가 신뢰할 수 있는 (연결)재무제표의 작성 및 공시를 위하여 (연결)재무제표의 왜곡을 초래할 수 있는 오류나 부정행위를 예방하고 적발할 수 있도록 효과적으로 설계 및 운영되고 있는지 여부에 대하여 평가하였으며, (연결)내부회계관리제도가 신뢰성 있는 회계정보의 작성 및 공시에 실질적으로 기여하는지를 평가하였습니다.

또한 본 감사(위원회)는 (연결)내부회계관리제도 운영실태보고서에 거짓으로 기재되거나 표시된 사항이 있거나, 기재하거나 표시하여야 할 사항을 빠뜨리고 있는지를 점검하였으며, (연결)내부회계관리제도 운영실태보고서의 시정 계획이 해당 회사의 (연결)내부회계관리제도 개선에 실질적으로 기여할 수 있는지를 검토하였습니다.

회사는 (연결)내부회계관리제도의 설계 및 운영을 위해 내부회계관리제도운영위원회에서 발표한 '내부회계관리제도 설계 및 운영 개념체계(다른 체계를 사용한 경우 그 체계를 명칭)'를 준거기준으로 사용하였습니다.

본 감사(위원회)는 (연결)내부회계관리제도의 설계 및 운영실태를 평가함에 있는 「**외부감사 및 회계 등에 관한 규정 시행세칙**」 별표 6 '**내부회계관리제도 평가 및 보고 기준**'을 평가기준으로 사용하였습니다.

본 감사(위원회)의 의견으로는, 20××년 ×월 ×일 현재 당사의 (연결)내부회계관리제도는 '내부회계관리제도 설계 및 운영 개념체계(다른 체계를 사용한 경우 그 체계의 명칭)'에 근거하여 볼 때, 중요성의 관점에서 효과적으로 설계되어 운영되고 있다고 판단됩니다.

(붙임)
◦ 권고사항
◦ (연결)내부회계관리제도가 신뢰성 있는 회계정보의 작성 및 공시에 실질적으로 기여하지 못하고 있다고 판단한 경우 그 시정 의견
◦ (연결)내부회계관리제도 운영실태보고서에 거짓으로 기재되거나 표시된 사항이 있거나, 기재하거나 표시하여야 할 사항을 빠뜨리고 있는지를 점검한 결과에 대한 조치내용
◦ (연결)내부회계관리제도 운영실태보고서의 시정 계획이 해당 회사의 (연결)내부회계관리제도를 개선하는데 실질적으로 기여하지 못하고 있다고 판단한 경우 대안
◦ (연결)내부회계관리제도 운영실태 평가를 위한 경영진과의 대면 협의 및 자금 관련 부정위험에 대한 감사인과의 의사소통 내역

구분	일자	참석자	주요 논의내용*
경영진(대표자, 내부 회계관리자 등)			
외부감사인			

* 이전연도 발견된 미비점에 대한 시정계획의 이행결과 검토, 자금관련 부정위험 통제를 위한 회사의 통제활동에 대한 평가, 경영진과 감사인의 내부회계관리제도에 대한 평가 내역 차이 등

20××년 ×월 ×일

(감사 설치 회사) 감사 × × × (인)

(감사위원회 설치 회사) 감사위원회 위원장 × × × (인)

● 중요한 취약점이 있는 경우

그림 7-5 운영실태 평가보고서 양식(중요한 취약점이 있는 경우)

××주식회사 이사회 귀중

본 감사(위원회)는 20××년 ×월 ×일 현재 동일자로 종료하는 회계연도에 대한 당사의 (연결)내부회계관리제도의 설계 및 운영실태를 평가하였습니다.

내부회계관리제도의 설계 및 운영에 대한 책임은 본 대표이사 및 내부회계관리자를 포함한 회사의 경영진에 있으며 본 감사(위원회)는 관리감독 책임이 있습니다.

본 감사(위원회)는 대표이사 및 내부회계관리자가 본 감사(위원회)에게 제출한 (연결)내부회계관리제도 운영실태보고서를 참고로, 회사의 (연결)내부회계관리제도가 신뢰할 수 있는 (연결)재무제표의 작성 및 공시를 위하여 (연결)재무제표의 왜곡을 초래할 수 있는 오류나 부정행위를 예방하고 적발할 수 있도록 효과적으로 설계 및 운영되고 있는지 여부에 대하여 평가하였으며, (연결)내부회계관리제도가 신뢰성 있는 회계정보의 작성 및 공시에 실질적으로 기여하는지를 평가하였습니다.

또한 본 감사(위원회)는 (연결)내부회계관리제도 운영실태보고서에 거짓으로 기재되거나 표시된

사항이 있거나, 기재하거나 표시하여야 할 사항을 빠뜨리고 있는지를 점검하였으며, (연결)내부회계관리제도 운영실태보고서의 시정 계획이 해당 회사의 (연결)내부회계관리제도를 개선에 실질적으로 기여할 수 있는지를 검토하였습니다.

회사는 (연결)내부회계관리제도의 설계 및 운영을 위해 내부회계관리제도운영위원회에서 발표한 '내부회계관리제도 설계 및 운영 개념체계(다른 체계를 사용한 경우 그 체계를 명칭)'를 준거기준으로 사용하였습니다.

본 감사(위원회)는 (연결)내부회계관리제도의 설계 및 운영실태를 평가함에 있는 「외부감사 및 회계 등에 관한 규정 시행세칙」 별표 6 '내부회계관리제도 평가 및 보고 기준'을 평가기준으로 사용하였습니다.

본 감사(위원회)의 의견으로는, 20××년 ×월 ×일 현재 당사의 (연결)내부회계관리제도는 다음과 같은 중요한 취약점으로 인해 '내부회계관리제도 설계 및 운영 개념체계(다른 체계를 사용한 경우 그 체계의 명칭)'에 근거하여 볼 때, 중요성의 관점에서 효과적으로 설계되어 운영되고 있지 않다고 판단됩니다.

〈중요한 취약점 및 시정조치 계획〉

(붙임)
◦ 운영실태보고서에 보고한 중요한 취약점 요약
◦ 권고사항
◦ (연결)내부회계관리제도가 신뢰성 있는 회계정보의 작성 및 공시에 실질적으로 기여하지 못하고 있다고 판단한 경우 그 시정 의견
◦ (연결)내부회계관리제도 운영실태보고서에 거짓으로 기재되거나 표시된 사항이 있거나, 기재하거나 표시하여야 할 사항을 빠뜨리고 있는지를 점검한 결과에 대한 조치내용
◦ (연결)내부회계관리제도 운영실태보고서의 시정 계획이 해당 회사의 (연결)내부회계관리제도를 개선하는데 실질적으로 기여하지 못하고 있다고 판단한 경우 대안
◦ **(연결)내부회계관리제도 운영실태 평가를 위한 경영진과의 대면 협의 및 자금 관련 부정위험에 대한 감사인과의 의사소통 내역**

구분	일자	참석자	주요 논의내용*
경영진(대표자, 내부회계관리자 등)			
외부감사인			

* 이전연도 발견된 미비점에 대한 시정계획의 이행결과 검토, 자금관련 부정위험 통제를 위한 회사의 통제활동에 대한 평가, 경영진과 감사인의 내부회계관리제도에 대한 평가 내역 차이 등

20××년 ×월 ×일

(감사 설치 회사) 감사 ××× (인)

(감사위원회 설치 회사) 감사위원회 위원장 ××× (인)

03

공시

상장회사의 경우 작성된 운영실태보고서와 평가보고서를 사업보고서에 [내부회계관리제도 운영보고서]라는 형태로 첨부하여 공시해야 한다. 비상장회사의 경우 운영실태보고서를 감사보고서에 첨부하여 공시한다.

공시 전 회사는 한국상장회사협의회 사이트 내 [회계담당자 등록정보]를 매년 업데이트하고, [내부회계관리제도 운영보고서]의 내용과 일치하는지 확인한다.

제8장

부정 방지 프로그램

기존 내부회계관리제도는 주로 재무보고의 신뢰성 확보를 위한 내부통제였으나 2025년부터 상장회사들이 자금부정방지 프로그램을 운영하고 2026년부터 이를 공시해야 하게 됨으로써 횡령 등 부정방지를 위한 내부통제도 내부회계관리제도의 주요 영역이 되었다. 부정방지를 위한 내부통제의 경우에도 리스크를 식별, 평가하여 이에 대한 통제를 설계, 운영하면서 적절한 평가를 통해 미비점을 개선해 간다는 틀에 있어서는 기존의 내부통제와 동일하다고 할 것이다. 다만 기존 내부통제에 있어서 리스크 식별과 통제설계는 회사의 시스템과 업무절차를 모두 점검하면서 하나의 리스크 즉, '재무보고에 왜곡 표시가 발생할 리스크'를 찾아내어 이에 대한 통제를 설계하는 소위 'Bottom-Up' 어프로치가 주를 이루지만 부정방지를 위한 내부통제의 경우는 그렇게 하기 어렵다.

부정 리스크에는 금고에 보관된 현금을 훔칠 리스크, 창고에 보관된 재고자산을 빼돌릴 리스크, 거래대금을 개인통장으로 받아 챙길 리스크, 허위의 거래처를 등록한 후 거래대금 명목의 금원을 송금할 리스크 등 매우 다양한 유형이 존재한다. 따라서 'Bottom-Up' 방식으로 회사의 모든 시스템과 업무절차를 점검하면서 수많은 유형의 부정 리스크를 찾아낸다는 것은 현실적으로 어렵고 매우 비효율적이다. 부정방지를 위한 내부통제에 있어서 리스크 식별과 통제설계는 우선 회사 내부와 외부에서 과거 발생한 부정 사례 등 여러 가지 정보를 활용하여 최대한 많은 구체적 리스크 유형을 찾아낸 후 당해 리스크와 밀접히 관련된 시스템 또는 업무절차, 그 중에서도 특정의 업무단계를 찾아내어 그곳에 통제를 설계하는 소위 'Top-Down' 어프로치가 될 수밖에 없다. 효과적인 부정방지 내부통제를 위해서는 수많은 유형의 부정행위 정보를 확보하여 분석한 후 각각의 부정행위의 원인이 된 곳을 찾아내어 그곳에 적절한 통제를 설계하고 운영하는 것이 핵심이다.

지금까지 우리는 내부회계관리제도의 가장 핵심 목적인 재무보고의 신뢰성 확보에 관한 내부통제의 전반적인 구조와 운영에 대해 살펴보았다.

하지만, '설계 및 운영 개념체계'에 따르면 내부회계관리제도는 재무보고 신뢰성 확보를 주된 목적으로 하는 내부통제 시스템일 뿐만 아니라 부정 방지 프로그램의 운영도 포함한다고 명시되어 있다. ['설계 및 운영 개념체계' 문단12]

부정 방지의 목표는 크게 부정한 부패 방지, 자산 보호 및 부정한 재무보고 방지 세 가지로 나뉘어지며, 각 부정 유형의 주요 내용과 특징은 아래 표와 같다.

---

35) 금융감독원이 요구하는 공시는 '횡령 등 자금 부정을 예방·적발하기 위한 통제활동의 공시 서식'으로 범위를 한정하고 있으나, 본 서에는 조금 더 포괄적인 부정 방지 프로그램에 대해서도 다룬다.

표 8-1 부정의 분류 체계(출처 : 국제공인부정조사사협회, ACFE Fraud Tree)

구분	주요 내용	특징
부패	사적 이익을 위해 임무에 반하여 권한을 남용하여 거래에 부당한 영향력 행사 (e.g. 뇌물수수 등)	외관상 정상 거래인 것처럼 보여 재무제표 왜곡과 직접 이어지긴 어려우나, 거래 이면의 사익 편취로 업무의 공정성, 효과성, 신뢰성을 훼손시킴
자산 유용	권한 없이 자산을 획득하고 사용하거나 처분한 등 회사의 자원을 훔치거나 사적으로 유용 (e.g. 현금 횡령 등)	권한 악용, 자료 조작 등을 통한 현금, 재고 등 자산 횡령 후 은폐로 인한 재무보고 왜곡도 동반하는 경우가 많음
부정한 재무보고	고의적으로 재무보고상 중요한 정보를 왜곡 또는 누락 (e.g. 고의 분식회계)	재무보고의 신뢰성 훼손 유형 중 단순 실수가 아닌 고의를 기반으로 한 부정 행위

세 가지 유형 중 부패의 경우 경영 자원의 낭비, 경영 활동의 공정성을 침해하는 중대한 부정행위이기는 하나, 재무보고의 신뢰성 확보 및 자산 보호를 주된 목적으로 하는 내부회계관리제도의 직접적인 관리 대상이라기보다는 일반적으로 컴플라이언스나 내부감사의 영역에서 다루는 것이 보다 적합하다고 판단된다.

또한 부정한 재무보고는 재무보고의 신뢰성 확보를 위한 내부회계관리제도에서 일반적으로 관리되는 위험으로 기왕의 내부회계관리제도의 충실한 운영을 통해 충분히 통제가 이루어질 수 있으므로, 부정 방지 프로그램에서 가장 주목하는 유형의 부정은 자산 보호와 관련된 영역이라 할 수 있다.

부정 방지 목적의 내부통제도 COSO 프레임워크에 따라 설계되고 운영된다는 점에서는 재무보고의 신뢰성 확보를 위한 내부통제와 동일하다. 하지만, 실무에 적용을 하기 위해 한 걸음 더 들어가 보면 두 제도 간의 공통점 못지않게 중요하게 고려해야 할 차이점도 있다. 예컨대 리스크 식별과 관련하여 재무보고의 신뢰성을 위한 내부통제에서는 유의적인 계정과 프로세스를 식별하고, 경영자 주장과 관련된 위험을 구체적인 업무 절차를 따라가면서 찾아나가는 방식으로 리스크 식별이 이루어진다면, 부정방지 목적의 내부통제에서는 업무에 대한 충분한 지식과 고의를 지닌 사람이 내부통제 시스템의 취약점을 이용하여 이를 무력화하며 일으키는 특정한 상황(문서를 조작하여 상급자에게 허위 보고)에서 발생 가능한 비정형적 리스크를 식별해 내야 한다.

리스크 식별 방법의 차이는 통제활동의 설계 방식에도 차이를 발생시키므로 내부회계관리제도라는 큰 틀 아래에서 부정 방지를 위한 내부통제는 재무보고의 신뢰성 확보를 위한 내부통제와 밀접한 관련성은 있지만, 독립적인 내부통제제도로서의 독자적 성격도 강하다는 점을 인식할 필요가 있다.

본 장에서는 내부통제제도의 일반적인 다섯 가지 구성요소(통제환경, 위험평가, 통제활동, 정보 및 의사소통, 모니터링 활동)를 중심으로 두 제도 간의 공통점과 차이점을 비교하면서 부정 방지를 위한 내부통제를 효과적으로 운영할 수 있는 방법을 모색해 보고자 한다.

02 구성요소별 부정 방지 프로그램의 특징

❶ 통제 환경

내부통제 목적 달성을 위한 경영진의 의지, 사규와 정책 등 제도의 구비, 감독 및 보고 체계의 정비 등 일반적으로 요구되는 전사적 수준의 통제 환경과 관련된 세부 항목은 재무보고를 위한 내부통제나 부정 방지를 위한 내부통제에서 큰 차이를 나타내지는 않는다. 다만, 부정 방지를 위한 내부통제에서 특별히 중요성이 더욱 강조되는 통제활동은 내부 감사와 내부신고제도이다.

이는 재무보고와 관련된 위험은 고의보다는 업무 절차의 불완전이나 실무자의 실수 등에 기인하는 바가 크므로 업무 절차에 대한 충분한 이해를 통해 통제를 설계하고 내부통제의 운영 평가 과정에서 통계적으로 충분한 샘플 테스트를 통해 통제의 효과성을 확인한다면 통제실패 위험을 상당 부분 낮출 수 있는 반면, 부정 사고는 개인의 적극적인 고의에 의하여 이루어지며 은폐를 위한 부수적 행위가 동반되는 경우가 많아 전문적인 내부감사에 의한 전수 조사나 부정 사고를 인지한 내부신고에 의한 적발이 매우 중요한 역할을 하는 영역이다.

② 위험 평가(리스크의 식별)

앞서 간략히 언급했듯이 리스크 식별 방식은 재무보고 신뢰성 확보를 위한 내부통제와 부정 방지를 위한 내부통제에서 상당한 차이를 나타내는 영역이다. 모범 규준에도 부정 위험을 평가하라고 되어 있지만 구체적인 내용이 없어 실제 어떻게 업무에 적용해야 하는지 실무자의 입장에서는 막연한 면이 없지 않다.

부정 방지를 위한 내부통제에서 리스크를 식별할 수 있는 가장 효과적인 수단은 실제 사례의 확보와 유형화라고 할 수 있다. 아래 예시를 살펴보면 먼저 사례 수집 단계에서는 실제 발생한 부정 사건이 발생하게 된 과정, 부정 수법, 결과 등을 최대한 상세하게 기술하여 구체적인 사건의 개요를 파악한다. 이러한 구체적인 사건에서 회사의 관점에서 관리가 필요했던 부정 발생을 일으킨 핵심적인 행위 요소를 뽑아내서 사고 유형에 기술하고, 이를 기반으로 부정 행위자가 아닌 회사의 관점에서 관리해야 할 통제기준(통제목표)을 도출해 낸다.

표 8-2 사고 사례 기반의 통제목표 도출 사례

구체적인 사건	사고의 유형화	통제위험(통제목표) 도출
창고 관리책임자로 일하면서 가짜 벤더를 회사 시스템에 등록시킨 뒤 허위 청구서를 발급해 결제를 받는 수법으로 회사 자금을 횡령, 창고 운영매니저 A는 B를 고용해 가짜 벤더 명의를 여러 개 만들었으며 횡령한 자금을 자신들의 계좌로 이체	구매처 정보(회사명, 계좌번호 등)를 임직원 등의 계좌로 임의 조작하여 회사자금을 횡령 및 유용	회사의 구매 거래처 정보는 정확하게 관리되어야 한다.

이러한 방식으로 리스크 식별 프로세스를 수행할 경우 새로운 부정 사고를 접했을 때 기존의 통제 체계로 대응이 가능한 사안인지 아니면 新 유형의 부정 사고로 보고 추가적인 통제 기준을 도출해내야 할지를 체계적으로 판단할 수 있다.

부정 사고 사례의 수집은 자사의 과거 사례를 출발점으로 하여 언론, 회계법인, 감독 당국 등 다양한 정보원을 통해 수집된 타사 사례로 확대해 나간다면 더욱 촘촘한 리스크 식별이 이루어질 수 있을 것으로 생각된다.

③ 통제활동

리스크 식별 단계에서 구체적인 리스크가 식별되었다면 통제활동의 구축과 운영 또한 보다 효과적으로 이루어질 수 있다. 재무보고의 신뢰성과 관련된 통제활동은 업무 프로세스의 흐름에 따라 순차적으로 실시되는 반면, 부정 방지 통제는 식별된 리스크에 대응하는 복합적이고 직접적인 통제활동을 설계하는 것이 일반적이다. 부정 방지를 위한 내부통제에서 주로 활용되는 통제수단은 다음과 같다.

① 사전에 명확히 정해진 절차나 기준 : 의사 결정 및 업무 처리 과정에서 사전에 정해진 절차나 기준이 명확하지 않아 업무 담당자에게 과도한 재량이 부여될 경우 부정 사고로 이어질 위험이 크므로, 가능한 한 업무 처리에 관한 절차와 기준을 명확하게 하고 이를 매뉴얼화하는 것이 필요하다.

② 업무 분장 : 부정 사고의 상당 부분은 개인에게 과도하게 집중된 권

한과 업무 범위에서 기인한다. 동일한 부서 내의 업무 분장, 유관 부서 간의 업무 분장, 전결 기준에 따른 다단계 승인과 같이 업무 분장 통제를 정교하게 설계하는 것이 중요하다.

③ IT 기반의 통제 : 앞서 언급한 두 가지 주요한 통제 운영을 사람에 의존하지 않고 IT 시스템에 적용하여, 이를 우회한 업무 처리가 원천적으로 불가능하게 하는 통제가 가장 효과적일 수 있다.

예를 들어 앞서 위험 평가 단계에서 식별한 통제 목표 사례에 대응하는 통제활동을 아래 통제활동 예시와 같이 기술할 수 있다.

표 8-3 **부정 방지 통제활동 예시**

통제 기준	
회사의 구매 거래처 정보는 정확하게 관리되어야 한다.	
통제활동 예시	
업무 절차	거래처 정보는 필수 항목이 모두 입력되고, 정확한 증빙 자료가 첨부되어야 한다. 책임자의 승인을 득하면 시스템에 자동 등록된다.
업무 분장	거래처 정보 신규/변경 등록 신청 부서와 승인 부서를 분리하며, 승인 부서의 담당자와 책임자의 권한을 분리한다.
IT 시스템	거래처의 등록은 IT 시스템을 통해서만 이루어지며, 증빙 자료가 첨부되지 않은 경우 승인 요청이 차단되며, 책임자의 승인 시 구매처 정보는 거래처 마스터에 자동 반영된다.

여기서 한 가지 강조하고 싶은 것은 통제활동이 겉모습만 갖추었다고 그 통제가 실제로 잘 작동하는 것은 아니라는 점이다. 아래의 사례는 통제활동 운영의 겉모습은 갖추었으나 실제로는 작동하지 않는 경우들이다.

표 8-4 **형식적 통제 운영 사례**

구 분	사 례
업무 분장 통제	업무의 효율만 고려하고 내부통제 측면의 리스크 관리 관점에서 업무 분장을 하지 않아 부정 위험을 증대시키는 경우(e.g. 업무 분장표상에서는 직무가 분리되어 있지만, 실제로는 자금 담당자가 회계처리 업무를 동시에 수행하거나, 상급자가 실질적인 관리 역할을 하지 않는 경우) 업무 분장에 부합하지 않는 IT 시스템 권한을 부여하여 업무 분장의 실효성을 사실상 무력화하는 경우(e.g. 전표 승인 권한만 있어야 할 상급자가 단독으로 전표를 생성하고 승인할 수 있는 권한을 모두 보유한 경우)
검토 및 승인 통제	감독자로서 수행해야 할 최소한의 검토 활동 없이 기계적이고 형식적인 결재 행위만 하여 실질적으로 통제를 무력화하는 경우(e.g. 자금 담당자가 제출하는 잔액증명서 사본을 별도의 검증 절차 없이 신뢰하고 결재를 승인하는 경우)
물리적 접근 통제	물리적 접근 통제 관리 소홀로 인해 중요 관리문서의 도난이 발생하는 경우(e.g. 인감 사용 기록을 철저히 관리하지 않거나 정기적인 점검을 실시하지 않아 유출이 발생하는 경우)

이처럼 부정 방지 프로그램은 각각의 통제가 예방하고자 하는 리스크가 무엇인지를 이해하고 이를 실무 과정에서 제대로 점검하려는 통제운영자의 의지가 수반되어야만 실질적으로 작동될 수 있다.

④ 정보 및 의사소통

부정 방지 목적의 내부통제와 관련하여 가장 중요한 정보 및 의사소통은 새로운 리스크 식별을 위한 부정 사고 사례의 지속적인 취합 및 검토 활동과 효과적인 내부신고제도를 통한 부정 사고 정보의 신속한 수집이 될 것이다.

5️⃣ 모니터링

부정 방지 목적의 내부통제 또한 내부회계관리제도의 일환이므로 식별된 리스크 및 통제활동을 통제기술서에 문서화를 수행하고, 정기적인 설계 평가 및 운영 평가를 실시하여 통제의 효과성을 주기적으로 점검하여야 한다. 또한 부정 방지 내부통제의 전 과정을 감사위원회 등 감독기구에 적시에 보고하여 적절한 피드백을 받아 업무의 개선에 반영하여야 한다.

특히 우리나라의 경우 일정한 조건을 충족하는 회사는 관련 법령에 따라 자금과 관련된 부정 위험에 대해서는 별도의 공시 의무가 있으므로 이에 대한 준비도 필요하다. 공시 의무와 관련된 내용은 다음 절에서 상세히 설명한다.

03

자금 부정 통제 공시

최근 대형 은행과 상장사에서 발생한 수천억원 규모의 자금 횡령 사건을 계기로 내부회계관리제도 운영에 있어 부정 방지 통제에 대한 관심과 기대가 매우 높아진 상황이며, 이에 금융감독원은 회사들이 내부회계관리제도의 운영 및 보고 시 횡령 등 자금 부정 위험을 예방·적발하기 위한 내부통제 제도의 설계, 운영 및 그 결과를 공시하고 외부감사를 받도록 하는 제도를 신설하였다.

'주식회사 등 외부감사에 관한 법률' 및 그 하위 법령에 따라 내부회계관리제도 운영 의무가 있는 국내 회사(통상 자산 5천억원 이상의 회사를 의미하며, 공시대상집단에 소속되어 있는 경우는 자산 1천억원 이상 회사를 포함함)는 매년 내부회계관리제도 운영 결과를 공시할 때 자금 부정 방지 통제 활동 수행 결과를 함께 공시해야 한다. 특히 연결 내부회계관리제도 운영 대상 회사(2025년 기준 자산 총액 2조원 이상 상장사)는 국내외 종속회사의 자금 부정 방지 통제 현황까지 포함하여 공시해야 한다. 이러한 공시 내역 또한 내부회계관리제도의 일환으로 운영되므로 외부감사의 대상이 됨은 물론이다.

구분	내부회계 감사 대상	내부회계 검토 대상	
상장 회사	자산 1천억원↑ ('25년 의무적용)	자산 1천억원↓ 금융회사('25년 의무적용)	
		자산 1천억원↓ 비금융회사('26년 의무적용)	
대형 비상장 회사	N/A	자산 1천억원↑ 금융회사('25년 의무적용)	
		자산 1천억원↑ 공시대상기업집단 소속회사 자산 1천억원↑ 사업보고서제출대상법인 자산 5천억원↑ 기타 비상장회사	('26년 의무적용)

표 8-5 자금 부정 통제 공시 시행 시기

앞서 설명한 부정 방지 프로그램을 내부회계관리제도와 효과적으로 연계하여 운영하기 위해서는 다음과 같은 절차가 필요하다.

회사가 구축한 부정 방지 프로그램에 따라 관리 중인 통제활동 중에서 관련 법령이 요구하고 있는 횡령 등 자금 부정 위험과 좀 더 밀접하고 직접적인 관계가 있는 통제를 핵심 통제로 선별하고 매년 설계 및 운영 평가를 실시하고 그 결과를 문서화한다.

금융감독원이 제시하고 있는 가이드라인에 따라 통제 운영 결과를 적절히 요약하여 내부회계관리제도 운영실태보고서와 함께 공시한다.

이와 관련하여 금융감독원에서는 자금 부정 통제 공시 서식의 예시, 작성 사례, 관련 FAQ를 배포하여 공시 양식 작성의 기본적인 원칙과 방향을 제시하고 있으나, 기업들에게 공시 수준에 대한 재량권을 일정 정도 부여하고 있어, 공시 대상이 되는 통제 항목의 선별, 공시를 하기 위한 통제활동 정보의 요약 등에 있어 시장에 가장 효과적으로 정보를 제공하기 위한 다양한 고민이 필요하다. 각 기업들이 제공하는 공시 정보를 서로 비교하는 과정에서 공시 정보의 양과 품질의 상향 평준화가 이루어질 것으로 기대된다.

공시와 관련된 사항은 감독 당국의 요구사항, 시장의 여러 기업들의 공시 수준, 이해관계자들의 기대 수준의 변화 등을 고려하여 주기적으로 업데 이트가 필요하므로 이에 대한 관심도 지속적으로 기울여야 할 것이다.

표 8-6 **공시 서식 예시(금융감독원)**

구 분	회사가 수행한 통제 활동	설계·운영 실태 점검 결과 (수행부서, 수행 시기 등)
전사적 수준 통제	(예) 〈부정 방지 제도 운영〉 경영진은 횡령 사고 등의 부정 방지를 위해 내부고발자 제도(익명제보채널), 부정 방지 및 모니터링 프로그램을 운영하며, 동 프로그램 준수에 대한 경영진의 의지를 정기적으로 전 임직원에게 전사 공지를 통해 전달하고 있음	(예) 테스트 수행 결과, 중요한 취약점이 발견되지 않음(내부회계팀, 'X1.7월, 'X1.10월, 'X2.1월)
자금통제 (입출금 계좌관리, 입출금 관리, 수표관리, 법인카드관리 등)	(예) 〈계좌 등록/변경〉 자금팀장은 계좌등록 및 변경 시 사유를 검토하여 승인함	(예) 테스트 수행 결과, 중요한 취약점이 발견되지 않음(내부회계팀, 'X1.7월, 'X1.10월, 'X2.1월)
	(예) 〈법인인감, OTP 사용 통제〉 감사팀에 의해 법인인감, OTP의 물리적 접근이 통제되고 있으며, 감사팀장의 사용대장상 날인/사용 목적의 검토 및 승인을 통해 날인/사용이 허용됨	(예) 테스트 수행 결과, XX의 중요한 취약점이 발견되었으며 XXX의 시정조치를 이행할 예정임(내부회계팀, 'X1.7월, 'X1.10월, 'X2.1월)
	...	...
기타 업무 수준 통제	(예) 〈거래처 Master 생성·변경 검토〉 회계팀장은 거래처 Master 생성·변경 요청서 상 주요 정보(사업자등록번호, 주소 등)가 근거 문서와 일치하는지 검토 후 승인함	(예) 테스트 수행 결과, 중요한 취약점이 발견되지 않음(내부회계팀, 'X1.7월, 'X1.10월, 'X2.1월)
	...	...